JN010778

国谷裕子と考える

SDGsと食料危機

2 近づく食料危機

監修
国谷裕子

もくじ

4 魚が食べられなくなる

5 危機《きき》のなかの日本

調べてみよう・話し合ってみよう

はじめのマンガ

穀物専用船
ぼくたちって、おいしいものたくさん食べてるよね
うん
それって、あたり前だと思ってたんだ
だけど、そうじゃなかったね。世界の10人に1人が飢餓《きが》……
もちろん、みんなアイスなんて食べたことないよね
きょうはずいぶん繊細《せんさい》なのね
おれ、いろいろ食べて申しわけない気がして
からあげ、肉まん、焼き肉、ハンバーグ、とんかつ
肉ばっかじゃん。信じらんな～い
そうなのよ。おれ肉が好きだからなぁ～
それじゃあ栄養がかたよっちゃう。好きなサッカーもできなくなるでしょ！
それっておれの勝手じゃないの
牛や豚《ぶた》やにわとりを育てるために、すごい量の大豆や
トウモロコシが消費《しょうひ》されてるって、勉強したでしょ

まあまあ大きな声で。二人ともよくお勉強したみたいね
こんにちは、国谷《くにや》さん！
ねえ、ねえ、
ぼくたちが大人になったとき、いまみたいにものが食べられないって
そうね、食料危機《きき》がやってくるってね
それってホントに来るんですか？止められないの？
30年後の地球の人口は100億人っていわれてる。そうなると、世界の穀物《こくもつ》量は足りなくなりそうなの
食べ物の値段《ねだん》が上がって、食べられない人が増《ふ》えるってことですか？
人口が急増《きゅうぞう》するアフリカや南アジアは経済力《けいざいりょく》が弱いでしょ
このままだと飢餓《きが》が広がっちゃうわね
でも、ぼくたちは、だいじょうぶじゃないの⁉
どうかな～。わたしたちの食べてるものの多くが、輸入《ゆにゅう》した小麦や大豆からつくられてたよね
うん。びっくりしちゃった
もめん
世界中で穀物《こくもつ》の絶対量《ぜったいりょう》が足りなくなれば、価格《かかく》も上がるし、日本の輸《ゆ》入量《にゅうりょう》も減《へ》っちゃう
いまのように、なんでも食べられるってわけにはいかないわね
ケーキと焼き菓子の店
Patisserie 2050
小麦粉不足により臨時休業

家畜《かちく》のえさも輸入《ゆにゅう》だから、豚肉《ぶたにく》やとり肉も影響《えいきょう》をうけるし、牛乳《ぎゅうにゅう》や乳製品《にゅうせいひん》も…
トウモロコシ
大豆
ソフトクリームは、食べられなくなるのかなあ？
それより、からあげやハンバーグは…
それは分からないけれど、食料危機《きき》を大きくしないことが大事だと思うの
12 つくる責任 つかう責任
14 海の豊かさを守ろう
13
15 陸の豊かさも守ろう
危機《きき》を小さくすれば、ソフトクリームくらい食べられるかもしれないじゃない
どうして食料危機《きき》がやってくるのか教えてください
大きな戦争が起きて、食料危機《きき》が起きるっていうことですか？
戦争も心配だけれど、もっと心配なのはね…
地球の人口が増《ふ》える
肉を食べる人が増《ふ》える
耕作地《こうさくち》は増《ふ》えない
食品ロスが増《ふ》える
気候変動で収穫量《しゅうかくりょう》が減《へ》る
海から魚がいなくなる

食品ロスが問題なことは知ってるけど、ほかのことは…
フードドライブ開催中
ご協力をお願いします
米
大きな農場をもっとつくれば、穀物《こくもつ》は増《ふ》やせると思うけど、だめなの？
生産量を増《ふ》やす努力は大事。でも、どうしたら環境《かんきょう》を傷《きず》つけないでそれができるか、考えてみてね
バーガー
未来の自分のためにガマン
みんなが食べる肉の量を減《へ》らしたり、食品ロスを減《へ》らしたり、地球温暖化《おんだんか》をおさえたりすれば、食料危機《きき》は小さくできるってことですか？
そう。世界が協力して地球温暖化《おんだんか》にブレーキをかけて、SDGs にきちんと取り組めば、食料危機《きき》は乗《の》り越《こ》えられる
やれることあるじゃん
食料自給率38%!!
日本はトップクラスの食料輸入《ゆにゅう》国だから、食料危機《きき》には弱いですよね
そうだよ、日本の政治家《せいじか》や大企業《だいきぎょう》は、分かってんのかなぁ !?
石油も外国にたよっているから、外国の影響《えいきょう》をもろにうけるじゃないか
スウェーデンの女の子みたいに、大人たちに文句《もんく》いわなきゃね
グレタさんのことね
わたしたちも、地球温暖化《おんだんか》をふせぐ努力や、食料をむだに捨《す》てない努力をしましょうよ
わたし気候変動のことや日本の食料のしくみをもっと知りたくなった
おれは肉を食べすぎないような献立《こんだて》を考えてみるかな
バランスのよい食事ね。がんばって！

1 人口増加でもっと食料が必要に

今世《こんせい》紀《き》中《ちゅう》は人口が増《ふ》え続ける

2021年9月、国連食料システムサミットが開かれました。近い将来《しょうらい》に予想されている、世界的食料危機《きき》を回避《かいひ》しようと開かれたものです。将来の食料危機の第1の原因《げんいん》にあげられているのが、今後の世界人口の増加《ぞうか》です。人口が増《ふ》えると世界は食料不足になるという食料危機説は、200年以上も前からいわれてきました。なぜいま問題になるのでしょう。

現在《げんざい》、日本は少子化社会となり人口は減《へ》り始《はじ》めています。少子化や人口減少《げんしょう》はヨーロッパなどでも起きています。本当に世界の人口は増加するのでしょうか。人口が増えたとしても、食料生産を増やせばいいようにも思えますが、それではだめなのでしょうか。

サミットで国連のグテーレス事務総長《じむそうちょう》は、現在の世界の食料システムを持続可能《かのう》なものに変革《へんかく》する必要性《ひつようせい》があると、世界各国に呼《よ》びかけました。予想される食料危機とは、どんなもので、なぜ起きるのか。どうしたら食い止めることができるのか。これから、いっしょに考えていきたいと思います。

（写真提供:渡辺広史/アフロ）

●産業革命《かくめい》以後に急増《きゅうぞう》した世界の人口

いまから270年ほど前、イギリスで産業革命《かくめい》が始まった1750年ごろの世界人口は7億人から8億人とされています。現在《げんざい》の10分の1以下です。1800年代に入ったころには10億人を超《こ》えました。ホモ・サピエンス誕生《たんじょう》以来およそ20万年という長い時間をかけて人口を億単位にのせた人類は、最近の200年間は十億人単位で増加《ぞうか》するようになったのです。

2022年11月、世界の人口は80億人に達しました。最近人口を急増《きゅうぞう》させているのは、インド、そしてアフリカ諸国《しょこく》です。1900年代後半以降《いこう》、世界は耕作地《こうさくち》を広げ、化学肥料《ひりょう》や農薬を利用して作物の収穫量《しゅうかくりょう》を増《ふ》やし、急激《きゅうげき》に数を増やす人口に食料を供給《きょうきゅう》してきました。現在、世界の食料は、世界の全人口を養うことができるだけ生産されています。しかしアジアやアフリカには、飢餓《きが》に苦しむ人びとがいます。今後も続く人口増加を乗り切るために、いま新しい食料生産と新しい食料分配の形が求められています。

人類誕生以降《たんじょういこう》の世界人口の変化

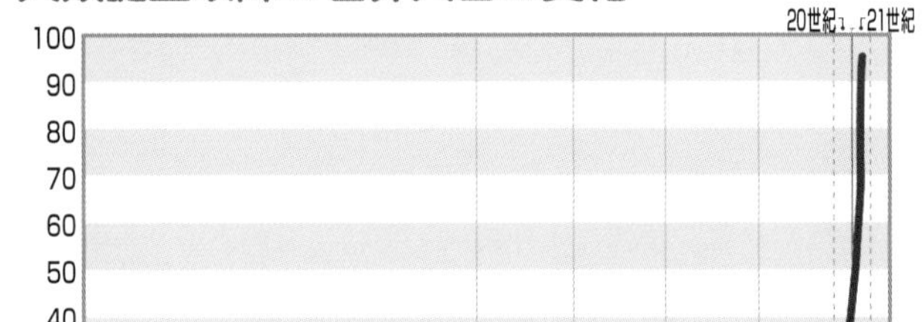

（国連人口基金）

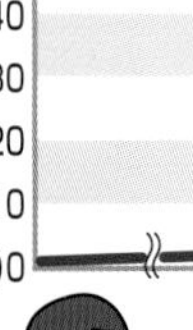

●2050年には世界人口が100億人近くに

国連は2022年7月、世界の人口は2050年には97億人になり、2100年には108億人を超《こ》えるとの予測《よそく》を発表しました。先進国の人口は2030年から40年ごろにピークを迎《むか》え、その後は減少《げんしょう》に向かうといいます。開発《かいはつ》途上国《とじょうこく》がピークを迎えるのは2100年ごろで、それまでは増加《ぞうか》を続ける見《み》込《こ》みです。地域別《ちいきべつ》に見ると、人口増加を引《ひ》っ張《ぱ》るのはアジアとアフリカで、とくに急激《きゅうげき》な人口増加が予測されるのは、インド、ナイジェリア、パキスタン、コンゴ民主共和国、エチオピア、タンザニア、インドネシアなどのようです。

食料不足に苦しんでいるアジアやアフリカの開発途上国で人口増加が予測されるのは少し不思議な気もしますが、その理由は国連機関やNGOなどの努力もあって乳幼児《にゅうようじ》の死亡率《しぼうりつ》に改善《かいぜん》が見られるためです。アフリカやアジアの開発途上国は、先進国に比《くら》べ若者《わかもの》の人口が多くなっています。

地球が支《ささ》えられる適正《てきせい》な人口というのは分かりませんが、国連やそれ以外の研究機関の予測でも、世界の人口は2080年から2100年にかけて百数億人でピークを迎え、その後は減少に向かうとされています。無限《むげん》に増《ふ》え続《つづ》けるわけではないので、何とか今世紀後半の人口増加を乗り切りたいものです。

地域別《ちいきべつ》世界人口の変化と予測《よそく》（1950年～2100年）

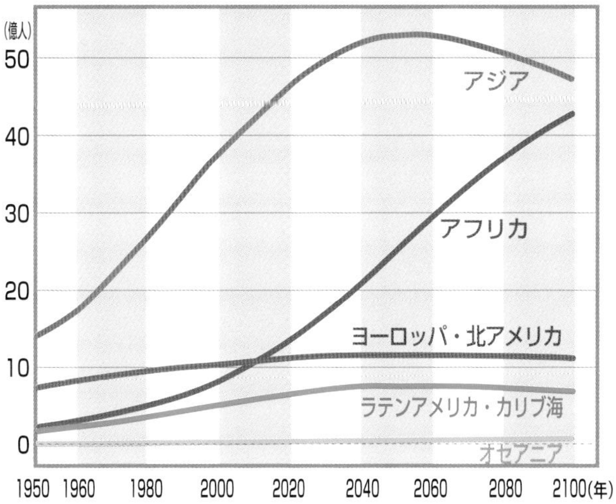

（国際農研、国連『世界人口推計2019年版』）

世界人口ランキングの変化

（2050年は予測）

順位	1990	2022	2050
1	中国	中国	インド
2	インド	インド	中国
3	アメリカ	アメリカ	アメリカ
4	インドネシア	インドネシア	ナイジェリア
5	ブラジル	パキスタン	パキスタン
6	ロシア	ナイジェリア	インドネシア
7	日本	ブラジル	ブラジル
8	パキスタン	バングラデシュ	コンゴ民主共和国
9	バングラデシュ	ロシア	エチオピア
10	ナイジェリア	メキシコ	バングラデシュ

（国連『世界人口推計2022年版』）

世界の人口増減率《ぞうげんりつ》予測《よそく》（2019年～2050年）

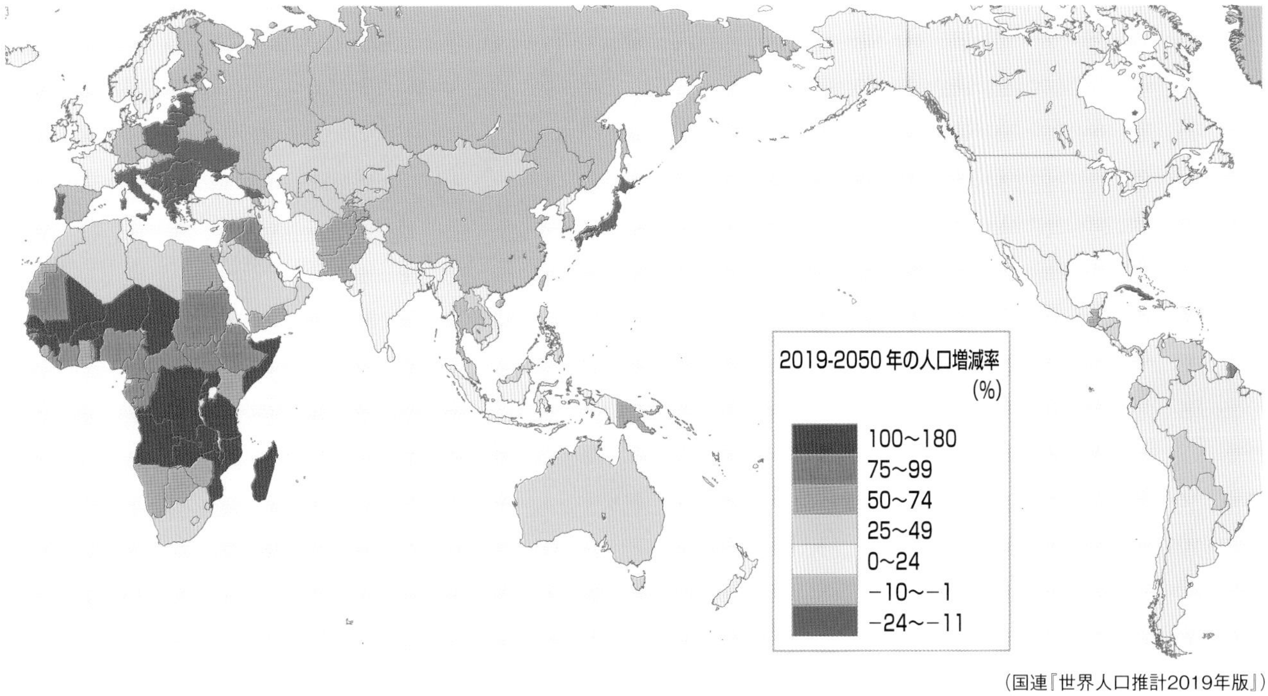

（国連『世界人口推計2019年版』）

経済《けいざい》成長で食料消費量《しょうひりょう》が増加《ぞうか》する

21世紀《せいき》に入って大きな経済《けいざい》成長を見せて世界第2位の経済大国となった中国は、人口も億単位で増《ふ》えてきました。そのため中国は、農産物の生産を増やし、足りない食料をまかなうために、世界一の食料輸入《ゆにゅう》大国となりました。2022年現在《げんざい》、中国は人口増加《ぞうか》に歯止めがかかり、急激《きゅうげき》だった経済成長も落ち着きつつあります。

国際通貨基金《こくさいつうかききん》（IMF）は、将来的《しょうらいてき》には中国に代わってインドが、そしてアフリカが成長を見せるだろうと予測《よそく》しています。インドは2023年か数年のうちに中国を抜《ぬ》いて人口世界一となり、アフリカの人口も2050年ごろには世界の4分の1を占《し》めるようになるようです。

経済成長で、インドやアフリカの開発途上国《かいはつとじょうこく》の、国民1人ひとりの所得《しょとく》が一気に先進国並《な》みに高まるとはいいきれません。それでも食料不足や栄養不足は改善《かいぜん》されていくはずです。ぜひそのようになってほしいものです。

しかしインドやアフリカの人口増加・経済成長が世界の食料を不足させることは明らかです。世界はこの将来の食料不足を解決《かいけつ》しなくてはなりません。

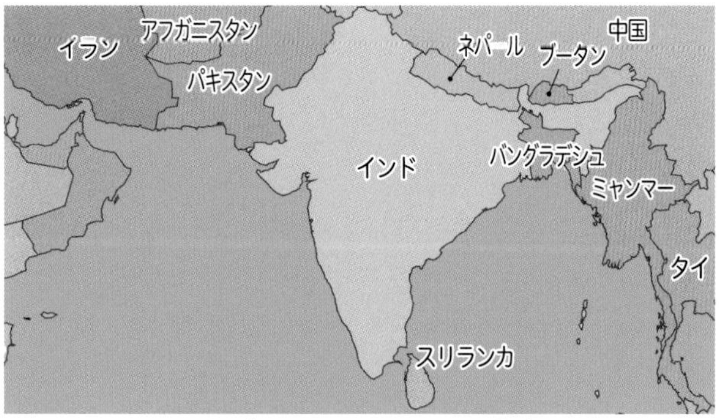

●インドの経済《けいざい》成長と人口増加《ぞうか》

2022年現在《げんざい》、世界第1位の経済《けいざい》大国はアメリカで、経済力《けいざいりょく》の指標となる国内総生産《そうせいさん》（GDP）は約25兆《ちょう》3500億ドル、第2位の中国は約19兆9000億ドル、大きく差をつけられて第3位の日本が約4兆9000億ドルとなっています。

2000年以降平均成長率《いこうへいきんせいちょうりつ》6.4%という高い経済成長を続けてきたインドのGDPは、約3兆5000億ドルで世界第5位です。しかし今後も成長の見込《みこ》まれるインドは、ドイツや日本を超《こ》える経済大国になるだろうと予測《よそく》され、イギリスの経済研究機関は2050年までに中国に抜《ぬ》かれたアメリカを抜いて世界第2位になると予想しています。

インドの国民1人あたりの国民総所得《しょとく》（GNI）は、2000年からの20年間で446ドルから1910ドルへと4.28倍に伸《の》びました。今後、国民の所得が上昇《じょうしょう》するにつれて、タンパク質《しつ》や脂質《ししつ》の量が不足しているインドの食事も改善《かいぜん》されていくものと予想されます。牛肉や豚肉《ぶたにく》を食べないヒンドゥー教徒の多いインドですから、経済成長とともに肉の消費量《しょうひりょう》を急増《きゅうぞう》させた中国のような現象《げんしょう》は起きないでしょう。それでも現在およそ14億人の人口は、2040年代に16億人に達すると見込まれています。米や小麦、とり肉や卵《たまご》、魚、牛乳《ぎゅうにゅう》など食料全体の消費量は大きくふくらむと考えられます。

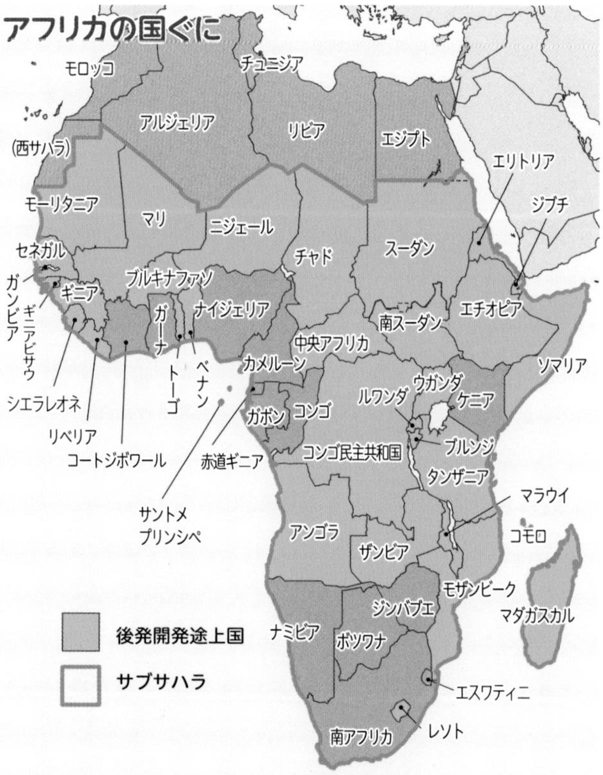

2100年までのインドの人口の変化予測《よそく》

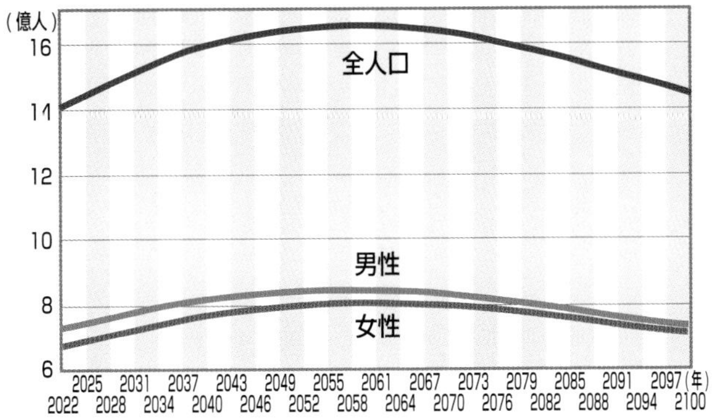

(Graph To Chart、国連『世界人口推計2019年版』)

世界の国内総生産《そうせいさん》(GDP)ランキングの変化

順位	2021	2030(予測)	2050(予測)
1	アメリカ	中国	中国
2	中国	アメリカ	インド
3	日本	インド	アメリカ
4	ドイツ	日本	インドネシア
5	インド	インドネシア	ブラジル
6	イギリス	ロシア	ロシア
7	フランス	ドイツ	メキシコ
8	カナダ	ブラジル	日本

(世界経済のネタ帳、PWC、IMF)

国内総生産《そうせいさん》(GDP):年間に国内で新しく生産された価値《かち》の総計《そうけい》。
国民総所得《そうしょとく》(GNI):年間に国民が生産活動によって受けとった所得の総額《そうがく》。

●2050年、世界の4人に1人はアフリカ人

サハラ以南アフリカ(サブサハラ)は、世界のなかでもとくに貧困《ひんこん》や飢餓《きが》が集中している地域《ちいき》です。アフリカ54か国のうち北アフリカの5か国を除《のぞ》いた49か国がサブサハラの範囲《はんい》で、うち33か国が国連から後発開発途上国《かいはつとじょうこく》と認定《にんてい》されている国ぐにです。2021年の人口は約11億8400万人。そのうちの2億5000万人以上がいまも飢餓に苦しんでいます。

貧困や食料不足に苦しむ人の率《りつ》が高いサブサハラですが、出生率《しゅっしょうりつ》が死亡率《しぼうりつ》を上回るようになり、今後は人口が大きく増加《ぞうか》していきそうです。2021年のアフリカ全体の人口はおよそ14億人ですが、2050年には25億人ほどとなって世界の4分の1になり、2100年には40億人を超えて、減《げん》少《しょう》してきたアジアの人口と肩《かた》を並《なら》べるようになるだろうと予測《よそく》されています。

国際通貨基金《こくさいつうかききん》(IMF)は、サブサハラ全体の2021年の経済成長率《けいざいせいちょうりつ》を4.7%と見積もりました。2022年は3.6%、2023年は3.7%になるだろうと見込《みこ》みました。コートジボワール、ケニア、エチオピア、ガーナ、ナイジェリアなどが成長を引《ひ》っ張《ば》っているようです。それでも、内戦、政情《せいじょう》不安、干《かん》ばつなどが続いて貧困からぬけ出すきっかけを見出せない国も多くあります。

30年くらいのあいだに倍増《ばいぞう》しそうなアフリカの人口。このアフリカの若い人たちの食料を世界で支えていくには、低所得《ていしょとく》の人びとも栄養《えいよう》のある食料が安い価格《かかく》で手に入るように、世界の食料システムを変えていく必要がありそうです。

サブサハラ全体の経済成長率《けいざいせいちょうりつ》の変化

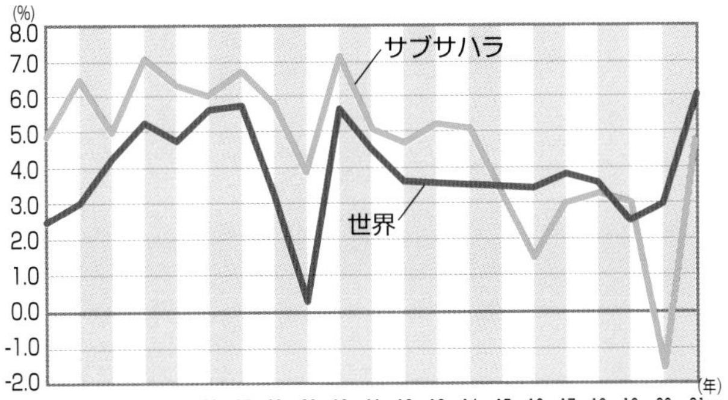

(経済産業省)

サブサハラ諸国《しょこく》は2000年代に入って、毎年4%から7%の経済《けいざい》成長を見せてきました。2020年のマイナス成長は新型《しんがた》コロナウイルスの感染拡大《かんせんかくだい》によるものです(20年、21年は予測)。

アフリカの国ぐにでは生産年齢人口《せいさんねんれいじんこう》(25歳《さい》から64歳の働き盛《ざか》りの人口)が増《ふ》えてきています。

食品ロスは世界に広がっている

これまで世界の食品ロスは、国連食糧農業機関《こくれんしょくりょうのうぎょうきかん》(FAO)の発表に基《もと》づいて、およそ13億トン、世界で生産される食料の3分の1が捨《す》てられているといわれてきました。しかし2021年に世界自然《せかいしぜん》保護基金《ほごききん》（WWF）などは、食品ロスの総量《そうりょう》をおよそ25億トン、生産された食料の約40%と報告《ほうこく》しました。生産段階《だんかい》での農産物の損失《そんしつ》をこれまでの推測《すいそく》数字よりも大きく見積もった結果です。いずれにしても食品ロスは、食料危機《きき》を乗り切るためには、避《さ》けて通れない大きな問題です。

FAOの『世界食糧《しょくりょう》農業白書』(2019年）は、小売や家庭などで捨てられる「食料廃棄《はいき》」の削減《さくげん》だけでなく、小売に到達《とうたつ》する以前の「食料ロス」に取り組むことが重要であると報告しています。下のグラフを見ても、地域《ちいき》によっては、生産現《げん》場《ば》・流通段階での損失である食料ロスが、消費《しょうひ》段階での食料廃棄よりずっと大きいのです。

今後、食料消費量の少なかった低所得国《ていしょとくこく》が経済《けいざい》成長することで、食肉や食用油の消費量が増《ふ》えると予想され、それにともなって食料廃棄も増えると予測《よそく》されています。人口の急増《きゅうぞう》が見込《みこ》まれるサハラ以南アフリカ（サブサハラ）やインドなどの南アジアは、とくに食料ロスの割合《わりあい》が高い地域《ちいき》です。この地域は、食料ロス問題を改善《かいぜん》しないと、食料不安から逃《のが》れることはむずかしくなります。食料ロスと食料廃棄は、将来《しょうらい》の食料危機を乗り切るための大きな課題となっています。

地域別《ちいきべつ》食品ロスの段階別発生率《だんかいべつはっせいりつ》

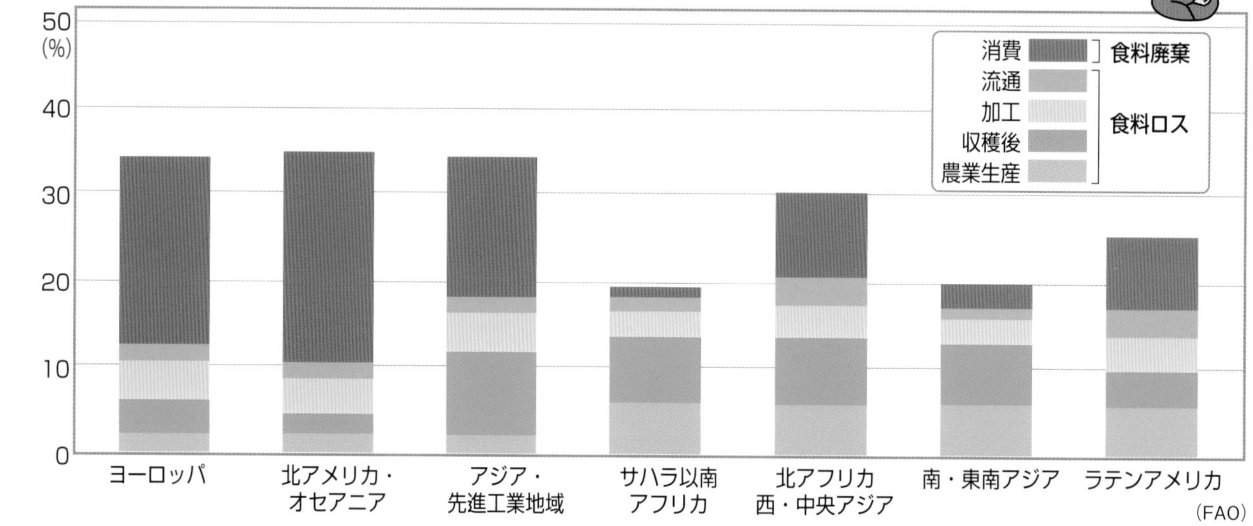

（FAO）

食料ロスと食料廃棄《はいき》

わたしたちは、本来食べられるのに捨《す》てられてしまった食べ物を「食品ロス」と呼《よ》んでいます。国連食糧農業機関《こくれんしょくりょうのうぎょうきかん》（FAO）は、収穫《しゅうかく》・貯《ちょ》蔵《ぞう》・加工・輸送《ゆそう》などの生産・流通段階《だんかい》での食料の損失《そんしつ》を「食料ロス」、小売やレストラン・家庭などの消費《しょうひ》段階での損失を「食料廃棄《はいき》」と使い分けています。上のグラフでは赤い消費部分が食料廃棄、その下の農業生産から流通までの部分が食料ロスにあたります。

●アフリカの食料ロス

南アフリカは、サブサハラ第2位の経済発展《けいざいはってん》を見せる新興国《しんこうこく》です。人口は6000万人弱です。この南アフリカで、1年間に生産される食料の34%にあたる約1000万トンの食料が捨《す》てられているといいます。国際《こくさい》社会が2020年に実施《じっし》できた食料支援《しえん》量約420万トンの2倍以上です。損失《そんしつ》の68%は、収穫《しゅうかく》後から選別・保管《ほかん》、加工・包装《ほうそう》といった初期段階《だんかい》で起き、種類別では穀類《こくるい》が半分を占《し》め、果物、牛乳《ぎゅうにゅう》、肉類がそれに続いているようです。FAOも、サブサハラでは穀物《こくもつ》・豆類の損失が大きいと報告《ほうこく》しています。

アフリカ南部には飢餓《きが》に苦しむ人びとが5000万人近くいます。南アフリカの食料ロスや食料廃《はい》棄《き》を減《へ》らし、近隣《きんりん》の開発途上国《かいはつとじょうこく》へ食料を供給《きょうきゅう》できれば、アフリカの飢餓の撲滅《ぼくめつ》や今後増加《ぞうか》する人口の食料確保《かくほ》にとって大きな力となるのは間違《まちが》いありません。そのためには、収穫した農産物を保管する倉庫や輸送《ゆそう》するトラックなどに冷蔵《れいぞう》や冷凍《れいとう》の機能《きのう》をもたせたコールドチェーンの整備《せいび》が必要です。収穫から消費者《しょうひしゃ》にとどくまでの流通網《りゅうつうもう》の改善《かいぜん》、道路網《どうろもう》などインフラの整備も必要でしょう。先進国が、南アフリカを軸《じく》としながら周辺の開発途上国に資金《しきん》や技術《ぎじゅつ》を提供《ていきょう》する、三角協力による食品ロス削減《さくげん》支援が求められています。

ナイジェリアでは小規模《しょうきぼ》農家に太陽光発電の冷蔵保管庫《れいぞうほかんこ》を貸《か》し出す事業が始まっています。

食品群別食料ロス(収穫《しゅうかく》〜流通)の発生率《はっせいりつ》

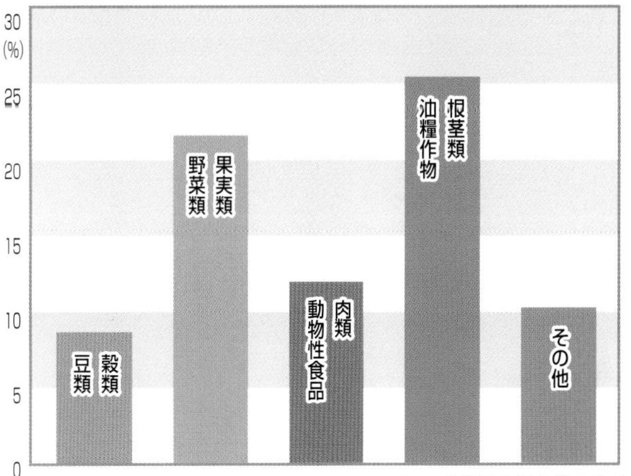

(FAO『世界食糧農業白書』)

食料ロスの発生量は、果実や野菜のほうが穀物《こくもつ》や豆類より多いのが一般《いっぱん》的です。高所得《こうしょとく》国の消費段階《しょうひだんかい》での食料廃棄量《はいきりょう》は、動物《どうぶつ》性《せい》食品や果実・野菜類などの傷《いた》みやすい食料が多くなります。

南部アフリカ主な国の栄養不足人口の割合《わりあい》 (2019年)

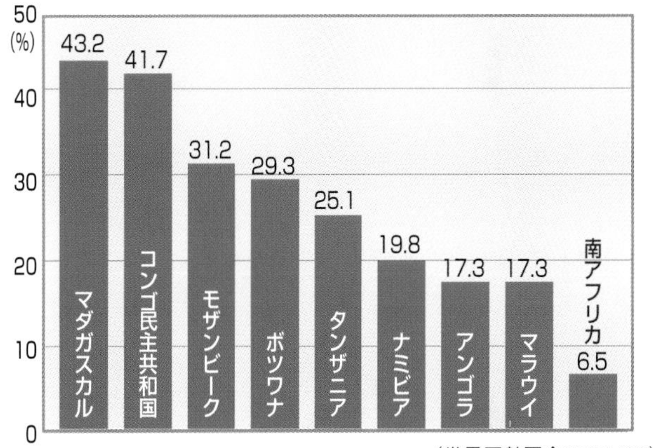

(世界国勢図会2022/23)

栄養のとり方が生活に必要な最低レベルを下回っている人たちの割合《わりあい》です。

●食品ロスが地球温暖化《おんだんか》を進める

世界が食品ロス削減《さくげん》に取り組まなければいけない大きな理由がもう1つあります。食品ロスが気候変動を早めているからです。

国連機関の「気候変動に関する政府間《せいふかん》パネル(IPCC)」が2019年に発表した報告書《ほうこくしょ》『気候変動と土地』は、地球温暖化《おんだんか》の原因《げんいん》である大気中の温室効果《おんしつこうか》ガス増加《ぞうか》について、食品ロスが温室効果ガス排出源《はいしゅつげん》の大きな要素《ようそ》になっていると警告《けいこく》しました。

世界中で捨《す》てられた食品ごみは、燃《も》やすか埋《う》め立てるかして処分《しょぶん》されます。生ごみは、水分が多く燃えにくいので重油などの燃料《ねんりょう》を使って焼却《しょうきゃく》され、大気中に大量の二酸化炭素《にさんかたんそ》(CO_2)を排出《はいしゅつ》します。焼却場がないために埋め立てられた生ごみは、腐敗《ふはい》して長期間メタンガス(CH_4)を排出し続けます。メタンガスは大気を暖《あたた》める力がCO_2の28倍もある温室効果ガスです。

2021年、国連環境《かんきょう》計画(UNEP)は、食品ロスが排出する温室効果ガスは世界全体の排出量《はいしゅつりょう》の8%から10%を占《し》めていると発表しました。地球温暖化は、各地で干《かん》ばつを増《ふ》やすなど、これからの食料生産をむずかしくさせます。食品ロスは、生産された食料の3分の1を無駄《むだ》にすると同時に、未来の食料生産にもマイナスになっているのです。

穀物《こくもつ》の生産は限界《げんかい》に達している

　世界は1940年から1960年にかけて農作物の生産量を大きく伸《の》ばしました。化学肥料《ひりょう》や農薬を使うことで、同じ単位面積あたりの収穫量《しゅうかくりょう》（単収《たんしゅう》）を飛躍的《ひやくてき》に増《ふ》やすことに成功したのです。「緑の革命《かくめい》」と呼《よ》ばれました。

　単収の増加《ぞうか》は農業が大きな利益《りえき》を生みだす可能性《かのうせい》を高め、大農場で単一作物を栽培《さいばい》するプランテーション農業が穀物《こくもつ》生産などに広がりました。小麦のほか、飼料《しりょう》となるトウモロコシや大豆の生産が拡大《かくだい》、食用油の原料の油糧種子《ゆりょうしゅし》も生産を伸ばしました。世界の穀物の8割《わり》が上位20か国で生産され、輸出《ゆしゅつ》は上位5か国によって小麦の6割、トウモロコシの7割がまかなわれるようになりました。そして、多くの国ぐにが必要な食料を輸入《ゆにゅう》に頼《たよ》るようになります。世界規模《きぼ》で大量生産され取引されるようになった穀物の流通は、「穀物メジャー」と呼ばれる巨大《きょだい》な貿易《ぼうえき》会社によって扱《あつか》われるようになりました。こうしてできあがった生産から流通までの世界的食料システムは、いま食料が公平に分配されないマイナス面をもっています。それ以外にも、環境汚染《かんきょうおせん》、土壌劣化《どじょうれっか》、森林破壊《はかい》、大量の二酸化炭素《にさんかたんそ》（CO_2）排出《はいしゅつ》と大量の食品ロス、などの見過ごせない問題も起こしています。現在《げんざい》の世界的食料システムは、今後の人口増加《ぞうか》に対応《たいおう》した食料分配ができるのでしょうか。

世界の穀物《こくもつ》の生産量・消費量《しょうひりょう》・単収《たんしゅう》の伸《の》びと収穫《しゅうかく》面積

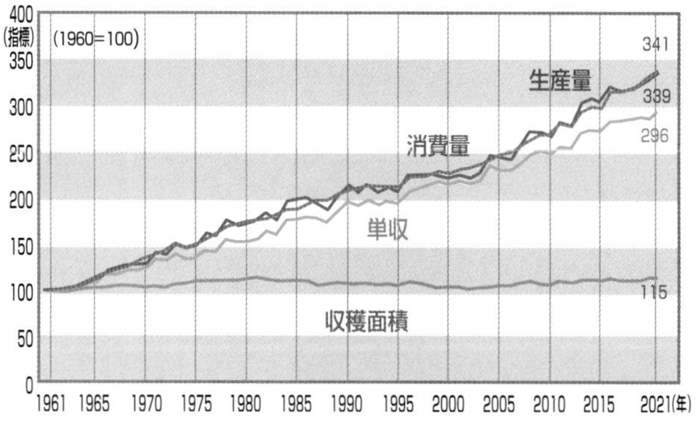

（農林水産省）

穀物《こくもつ》生産量の 2010 年～ 2050 年の変化予測《よそく》

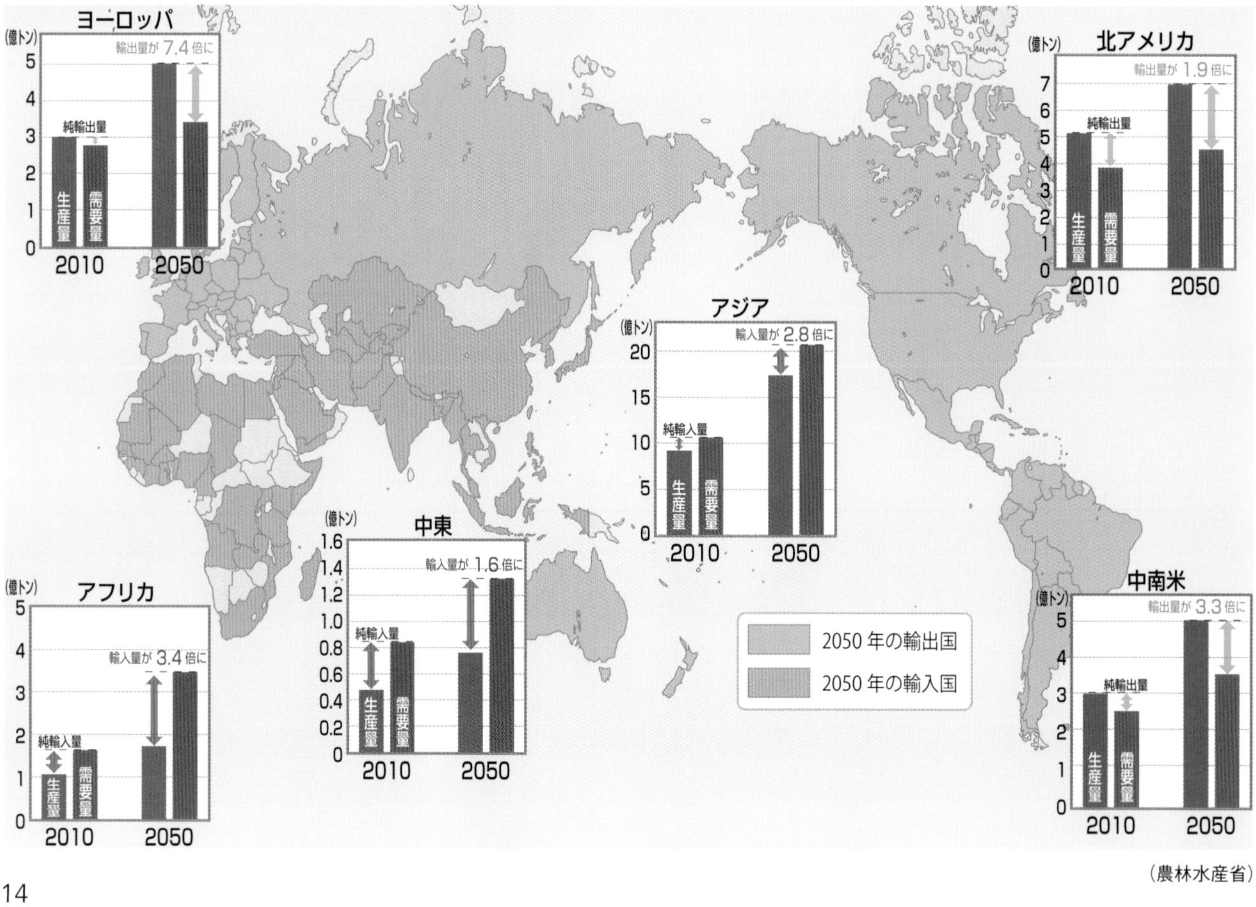

（農林水産省）

●化学肥料《ひりょう》・農薬が土壌《どじょう》を劣化《れっか》させてきた

　作物を同じ畑でつくり続けると良い作物が育ちません。作物が、必要とする栄養分を土から奪《うば》っていくためです。それで昔から農家は、年ごとに作物を変える輪作を行ってきました。しかし緑の革命《かくめい》以後、輪作はほとんど行われなくなり、土の栄養分を化学肥料《ひりょう》で補《おぎな》うようになりました。化学肥料を使い続けると、土の栄養分はかたよっていきます。また農薬には、害虫や雑草《ざっそう》だけでなく、作物にとって必要なチッ素《そ》をつくってくれる土のなかの微生物《びせいぶつ》も殺《ころ》してしまうという困《こま》った問題があります。

　耕作地《こうさくち》の土はやせて劣化《れっか》しつつあります。2015年、国連食糧農業機関《こくれんしょくりょうのうぎょうきかん》(FAO)は、世界の土壌資源《どじょうしげん》の33%がすでに劣化していて、新たな取り組みがない限《かぎ》り2050年の世界の1人あたりの耕作可能地《こうさくかのうち》は、1960年の4分の1になると警告《けいこく》しました。

　化学肥料、農薬、そして種子も、流通は、穀物《こくもつ》メジャーによって支配《しはい》されています。現在《げんざい》は、化学肥料と農薬に頼《たよ》る農業は経費《けいひ》がかかり過《す》ぎて利益《りえき》が出ない、価格《かかく》が高くなって十分に手に入らないなど、貧困《ひんこん》国の小規模《しょうきぼ》農家の生活を圧迫《あっぱく》しています。

ブルドーザーによって破壊《はかい》された原生林（フランス領《りょう》ギアナ）。

（写真提供:Biosphoto/アフロ）

地球上の土地の状態《じょうたい》

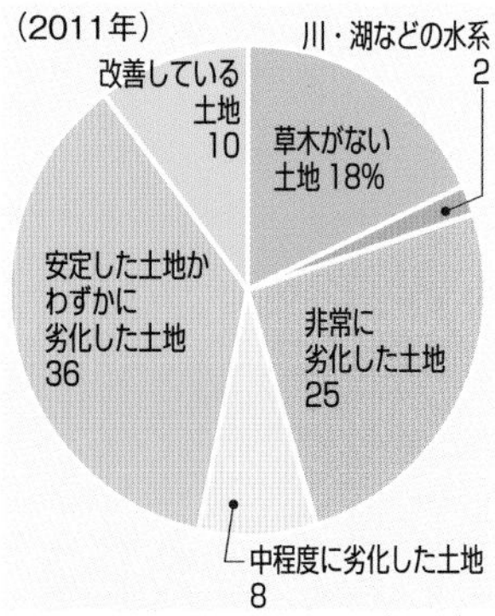

（FAO）

グラフは農地だけでなくすべての種類の土地をふくんでいます。

穀物《こくもつ》・肥料《ひりょう》の価格上昇《かかくじょうしょう》

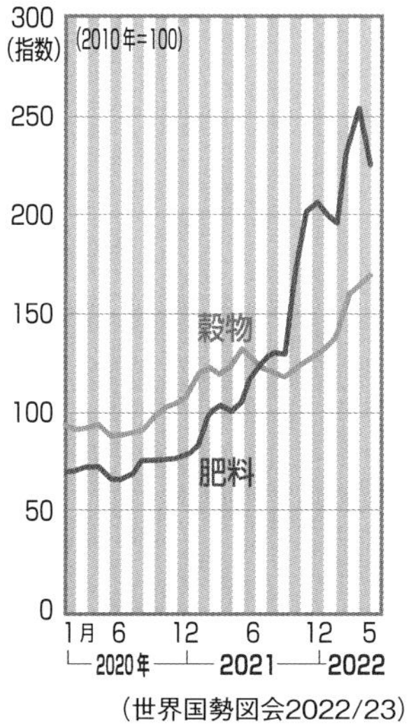

（世界国勢図会2022/23）

●これ以上農地は増《ふ》やせない

　農作物の生産量を増《ふ》やすには、単位面積あたりの収穫量《しゅうかくりょう》（単収《たんしゅう》）を増やすか、耕作地《こうさくち》を拡大《かくだい》するかしかありません。これまでは化学肥料《ひりょう》と農薬の使用量を増やして単収を伸《の》ばしてきました。しかし、化学肥料と農薬の使用が耕作地の土壌《どじょう》だけでなく、地球環境《かんきょう》と人びとの健康に悪影響《あくえいきょう》をあたえることがはっきりしてきたため、現在《げんざい》は使用量を減《へ》らす方向にあります。2021年には日本の農林水産省も、2050年までに農薬の使用量を半分にし、化学肥料の使用量を30%減らすという目標を発表しました。

　では耕作地の拡大は可能《かのう》でしょうか。農地を増やすための森林・草地・湿地《しっち》などの開発は、二酸化炭素《にさんかたんそ》（CO_2）を吸収《きゅうしゅう》してくれる木や草を減少《げんしょう》させるだけでなく、草木を燃《も》やしてCO_2を排出《はいしゅつ》し、土を掘《ほ》り起こして地中のCO_2を大気中に排出して、地球温暖化《おんだんか》を早めるのです。気候変動から地球を守るためにも、木を伐採《ばっさい》し土を掘り起こす農地開発は、もうできません。これ以上耕作地を拡大することは、できないし、してはならないのです。化学肥料や農薬の使用量を増やす、農地を広げる、こうした方法による生産量の増加《ぞうか》はもう望めないと考えるべきでしょう。

食料の増産《ぞうさん》が環境《かんきょう》を破壊《はかい》していた

農作物の収穫量《しゅうかくりょう》を上げるために使われてきた化学肥料《ひりょう》・農薬は、土壌《どじょう》の劣化《れっか》をまねいてきました。しかし農業がもたらした悪影響《あくえいきょう》は、それだけではありません。2021年、国連環境《かんきょう》計画（UNEP）は、農業が環境だけでなく健康の面でも多くの問題を引き起こしているという、専門家《せんもんか》の指摘《してき》を紹《しょう》介《かい》しました。それは、現在《げんざい》の世界的食料システムが質《しつ》よりも量を重視《じゅうし》しているためだといいます。「質より量を重視」というのは、化学肥料・農薬が食料の安全性《あんぜんせい》（質）よりも高い収穫率《しゅうかくりつ》（量）を優先《ゆうせん》して使用されているといった意味です。

また国連機関の「気候変動に関する政府間《せいふかん》パネル（IPCC）」の2019年の報告書《ほうこくしょ》『気候変動と土地』は、2007年から2016年に人間の活動が世界全体で排出《はいしゅつ》した温室効果《おんしつこうか》ガスの約23%は、「農業、林業、その他の土地利用」によるものと発表しています。農業・林業などが、わたしたちの将来《しょうらい》の生活を一層困難《いっそうこんなん》なものにする気候変動の大きな原因《げんいん》になっているというのです。気候変動をまねく地球温暖化《おんだんか》というと、火力発電や製鉄《せいてつ》などの産業や自動車などによる二酸化炭素《にさんかたんそ》（CO_2）の排出が大きな原因とのイメージでした。しかし、農業も温室効果ガス排出の大きな原因となっていたのです。

世界の温室効果《おんしつこうか》ガス排出量《はいしゅつりょう》の経済《けいざい》部門別割合《わりあい》

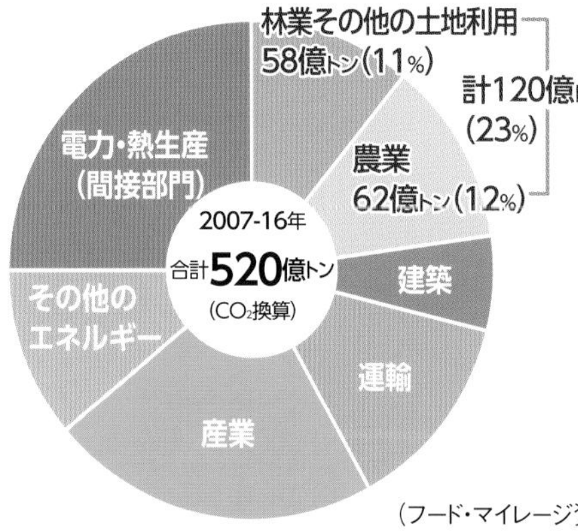

（フード・マイレージ資料室）

●残留《ざんりゅう》農薬汚染《おせん》の広がり

殺虫剤《さっちゅうざい》、殺菌剤《さっきんざい》、除草剤《じょそうざい》といった毒性《どくせい》の高い農薬は、取《と》り除《のぞ》きたい害虫や雑草《ざっそう》だけでなく、虫や植物の世界に広く害を及《およ》ぼします。目的以外の虫まで殺《ころ》してしまう、天敵《てんてき》だった虫が減《へ》ったことで別の虫が数を増《ふ》やすといったように、生態系《せいたいけい》全体に影響《えいきょう》をあたえてしまうのです。農薬を使い続けていると、農薬に強い害虫や雑草が出てくることもあり、もっと強い農薬が開発されて生態系にさらに強い影響をあたえるようになります。

世界の農薬使用量の変化

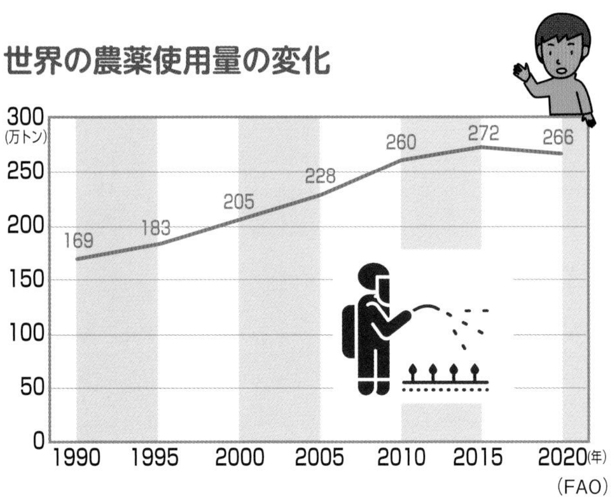

（FAO）

おもな国の 1ha あたりの農薬と化学肥料《ひりょう》の消費量《しょうひりょう》

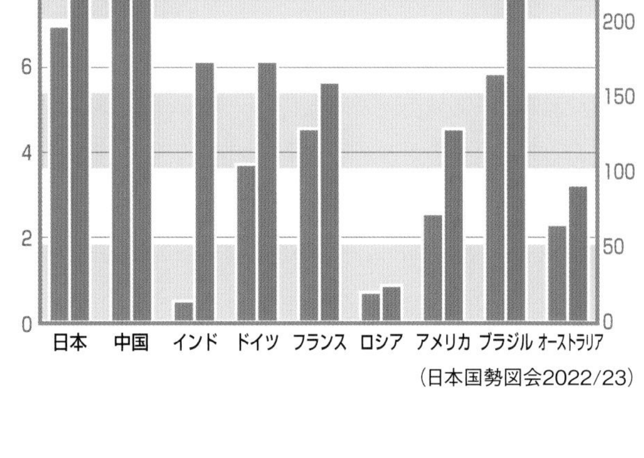

（日本国勢図会2022/23）

最近、農家の果樹《かじゅ》の受粉《じゅふん》を手伝ってくれるミツバチが農薬のために減少《げんしょう》して問題になっています。しかし問題は農業に直接《ちょくせつ》役立つ益虫《えきちゅう》・益鳥《えきちょう》だけのことではありません。動植物の生態系がくずれ、生物の多様性《たようせい》が失われてくると、その影響は自然環境《かんきょう》全体に及び、わたしたちの生活までおびやかすことになるのです。

2021年、イギリスの科学誌《かがくし》「ネイチャー ジオサイエンス」が、残留《ざんりゅう》農薬の危険性《きけんせい》に関する研究論文《ろんぶん》を掲載《けいさい》しました。世界的に農薬の使用量が急《きゅう》増《ぞう》したことで、世界の農地の64%に農薬汚染《おせん》の危険性が広がり、31%はとくに高い危険性があるというものです。土、水、大気のうち残留農薬の影響を最も受けやすいのは地表水で、大雨による残留農薬の大規模《だいきぼ》流出の可能性《かのうせい》がある、残留農薬は農地に留《とど》まることなく地域《ちいき》の生物多様性《せいぶつたようせい》をおびやかす、上水道を汚染して住民に健康被害《ひがい》を及ぼすと警告《けいこく》しました。

●農業も地球温暖化《おんだんか》の要因《よういん》

農業が温室効果《おんしつこうか》ガスを排出《はいしゅつ》している主たる要因《よういん》は、家畜《かちく》のゲップやオナラ、家畜の糞《ふん》や尿《にょう》、化学肥料《ひりょう》の大量使用、稲作《いなさく》などです。家畜のゲップ・オナラ・糞尿は、二酸化炭素《にさんかたんそ》（CO_2）より28倍も温室効果の高いメタンガス（CH_4）を排出します。水を張《は》った水田からもCH_4は排出されます。そのほか、トラクター・コンバインなどの農作業車やビニルハウスの暖房《だんぼう》、農産物の保管や輸送《ゆそう》などでCO_2が排出され、生産から輸送までのあいだの食料ロスがCO_2やCH_4を排出しています。

人が馬や牛の力を借りながら農作物をつくり、生産物の多くを地元で消費《しょうひ》していた時代には、問題になるような量の温室効果ガスは排出されませんでした。しかし農作業の機械化や農作物の商品化が進んだ農業は、地球温暖化《おんだんか》を促進《そくしん》する大きな原因《げんいん》となっているのです。これからは、温室効果ガスの排出を極力おさえた新しい農業の開発と、食料システム全体の脱炭素化《だつたんそか》をはかりながら、食料を増産《ぞうさん》していく必要がありそうです。

農業の温室効果《おんしつこうか》ガス排出割合《はいしゅつわりあい》（CO_2換算《かんさん》）（2014年）

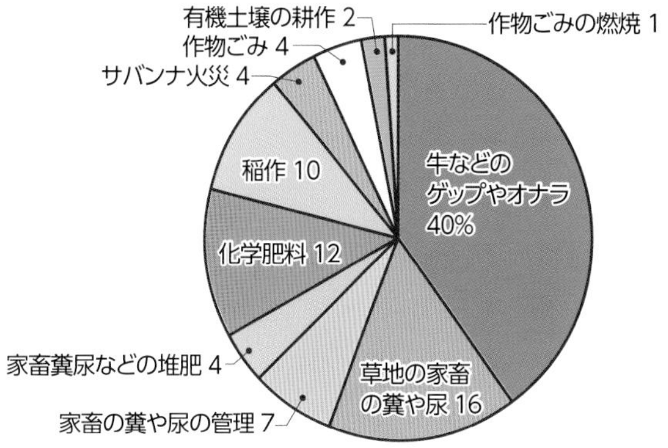

農作業車・保管《ほかん》・輸送《ゆそう》からの排出《はいしゅつ》はふくんでいません。（FAO）

農産物の安全性

農薬の毒性《どくせい》は、日本でも誤《あやま》った散布《さんぷ》によって毎年のように死者や中毒患者《ちゅうどくかんじゃ》が出るほど高いものです。日本では、国産農産物・輸入《ゆにゅう》農産物とも、農薬が残っていないように残留基準《ざんりゅうきじゅん》が定められ厳《きび》しくチェックが行われています。それでも、化学肥料《ひりょう》や農薬を使った農作物を長期間食べ続けることに、まったく不安がないわけではありません。化学肥料や農薬を減《へ》らした特別栽培《とくべつさいばい》農産物《のうさんぶつ》や、有機肥料や生物農薬などを使った有機栽培農産物が増《ふ》えてきているのは、安心して食べられる食料を生産しようとする農家の取り組みによるものです。

アメリカのネブラスカ州のトウモロコシ畑での農薬散布《さんぷ》の様子。

（写真提供:Alamy/アフロ）

食料を生産するには水が足りない

地球は「水の惑星《わくせい》」と呼《よ》ばれます。表面積の7割《わり》を海におおわれ、宇宙《うちゅう》から見ると青く輝《かがや》いています。しかし、わたしたちの生活に必要な真水(淡水《たんすい》)は思ったほど多くありません。わずかといったほうがいいでしょう。

地球にある水の97.5%は海水で淡水は2.5%です。そのうちの1.8%は氷河《ひょうが》や氷床《ひょうしょう》。地下水が0.8%で、人間が利用しやすい川や湖などの水は0.01%です。その量はおよそ10万立方キロメートル(km³)。わたしたちが利用している水は、4000km³といわれています。

4000km³の水資源《みずしげん》は、農業用水（灌漑《かんがい》用や畜産《ちくさん》用）、工業用水、生活用水などに利用され、世界全体では農業に使われる分が最も多く約7割を占《し》めています。熱帯地域《ちいき》に雨が多く中東や北アフリカなどの砂漠《さばく》地帯に雨が少ないように、もともと水資源は地域によって大きな差があります。

今世紀《せいき》に入って、世界各地で水不足への危機感《ききかん》が急激《きゅうげき》に高まってきました。「水ストレス」と呼ばれています。各地の水資源の状態《じょうたい》は、もともとの降水量《こうすいりょう》、人口、産業用の取水などさまざまな事情《じじょう》によってことなり、「1人あたりの利用可能《かのう》な水資源量」が水ストレスを測《はか》る物差しとされています。国連食糧農業機関《こくれんしょくりょうのうぎょうきかん》(FAO)によれば、1人あたりの年間利用可能な水資源量は過去《かこ》 20 年間で 20% 以上減少《げんしょう》しました。

いま、世界の食料生産で重要な農業地帯で水ストレスが高まっています。農作物の栽培《さいばい》には大量の水が使われます。家畜飼料《かちくしりょう》の生産にも大量の水が必要です。今後の食料問題を考えるうえで水ストレスは大きな問題になっています。

1 人あたりの再生《さいせい》可能《かのう》な水資源量《みずしげんりょう》

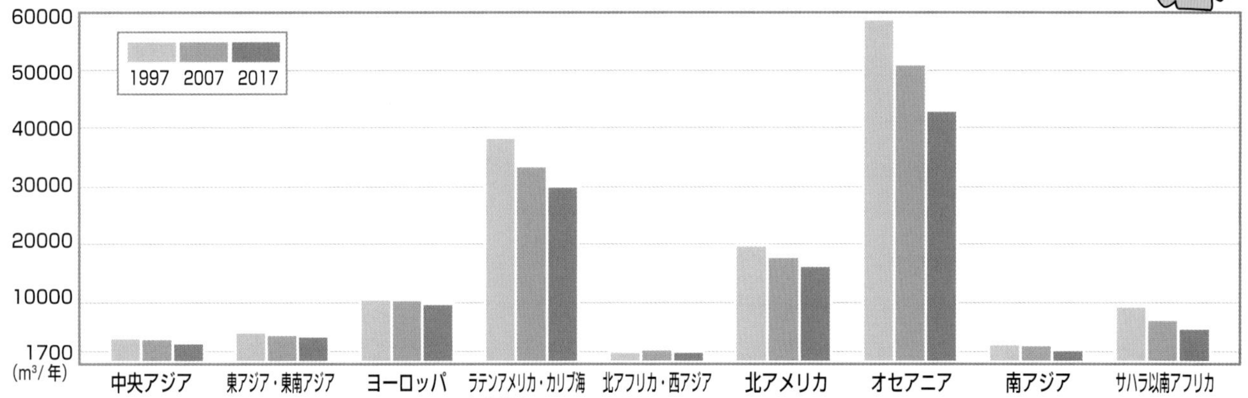

1700㎥は、これを下回ると生活に不便を感じる資源量《しげんりょう》で、水ストレスのひとつの目安です。 (FAO)

●灌漑用《かんがいよう》の水が枯《か》れてしまう

降雨《こうう》によって作物栽培《さいばい》を行う農業を「天水農業」といい、人工的な給水で行う農業を「灌漑《かんがい》農業」といいます。いま天水農業は、気候変動が引き起こす干《かん》ばつの連続が、水不足を深刻《しんこく》にして苦しんでいます。一方の灌漑農業では、地下水のくみ上げが地域《ちいき》の水資源《みずしげん》量を急激《きゅうげき》に減少《げんしょう》させて問題になっています。地下水の取水率《しゅすいりつ》は地域によってことなりますが、降水《こうすい》による再生《さいせい》が可能《かのう》な水量の20%以上を取水していると水ストレスが高く、40%を超《こ》すと危険《きけん》な状態《じょうたい》とされています。

アメリカの中部、川や湖もない大平原に広大なトウモロコシ畑が広がっています。輸出量《ゆしゅつりょう》世界一のアメリカの飼料用《しりょうよう》トウモロコシ生産を支《ささ》える穀倉《こくそう》地帯です。この穀倉地帯の灌漑に利用されているのは、地下100メートルに、日本国土の1.2倍の面積で広がるオガララ帯水層《たいすいそう》。500万年以上前にできた天然の地下水貯蔵層《ちょぞうそう》です。いま、この帯水層の水があと10年もたないだろうと危機感《ききかん》が

（写真提供:Alamy/アフロ）

アメリカのオガララ帯水層《たいすいそう》の上に限《かぎ》りなく広がる円形の穀物畑《こくもつばたけ》。たくさんの車輪のついた長い散水管が、井戸からくみ上げた地下水を穀物畑にまいていきます（左の写真）。平均《へいきん》長さ400mという散水管が、文房具《ぶんぼうぐ》のコンパスのように自走して散水するので、畑は大きな円形に形づくられます。「センターピボット」と呼《よ》ばれる灌漑《かんがい》方式です。南北およそ1200km、世界最大級の帯水層も、こうした畑の絶《た》え間《ま》ないくみ上げによって年々《ねんねん》水位が下がり、水が枯《か》れかかっているのです。

（写真提供:Jim Wark/アフロ）

高まっています。20世紀《せいき》前半から続く地下水のくみ上げで、水が枯渇《こかつ》してきたからです。現在《げんざい》のこの地域は降雨の少ない乾燥《かんそう》地帯で、水が溜《た》まることはほとんどありません。一帯で穀物《こくもつ》生産ができなくなると、影響《えいきょう》はアメリカだけでなく世界の食肉生産に及《およ》びます。

現在、灌漑用の地下水くみ上げが原因《げんいん》の水資源の減少は、ヨーロッパや南アジアなど世界各地で起きています。2050年には世界の7割《わり》の地域がこうした事態《じたい》に直面するとの報告《ほうこく》もあります。大量の飼料穀物を必要とする肉の大量消費《しょうひ》をやめない限《かぎ》り、世界の水資源は急速に減《へ》りつづけます。

●食肉生産が必要とする水

食料生産はたくさんの水を必要とします。チーズバーガー1つをつくるのに必要な水は、約2700リットル（L）といわれています。パティの牛肉やチーズが、大量の水を使って生産される食料だからです。牛肉1キログラム（kg）の生産に必要な水は1万5400Lとも2万Lともいわれます。これは、牛の飲み水、牛や牛舎《ぎゅうしゃ》を洗《あら》う水、大きく育つまでに食べる飼料《しりょう》（穀物《こくもつ》）の生産に使われた水などの総量《そうりょう》です。豚肉《ぶたにく》1kgは6000L、とり肉は1kgあたり4300Lとされています。生産量あたりの水使用量が多い食料は、肉類のほか、卵《たまご》や乳製品《にゅうせいひん》、米、小麦、大豆、トウモロコシなどの穀物です。日本では、茶わん1杯《ぱい》の米を生産するのに必要な水は約440Lといわれています。

日本は、牛肉・豚肉・とり肉を直接輸入《ちょくせつゆにゅう》するほか、国内で育てる牛・豚・にわとりの飼料として、トウモロコシや大豆、干《ほ》し草《くさ》などを大量に輸入しています。輸入肉・国産肉にかかわらず、わたしたちが食べる肉は、ほとんどが外国の飼料用穀物を使って生産されたものです。ということは、わたしたちは海外の水資源《みずしげん》でつくられた肉を食べているということです。食料の輸入は相手国の水資源を輸入したとも考えられ、こうした「輸入水」を「バーチャルウォーター（仮想《かそう》の水）」と呼《よ》んでいます。大量の食料を消費《しょうひ》している「飽食《ほうしょく》日本」は、外国の水資源を大量に消費しているといえます。

気象災害《きしょうさいがい》が激《はげ》しくなる

人類の経済《けいざい》活動が排出《はいしゅつ》した大量の二酸化炭素《にさんかたんそ》（CO_2）によって、地球の平均《へいきん》気温はこの100年間で約1℃上昇《じょうしょう》しました。この地球温暖化《おんだんか》は、地球上の気温・降水量《こうすいりょう》・風・日照といったさまざまな気象《きしょう》に影響《えいきょう》し、世界各地の気候に変化をつくりだしています。これが気候変動です。すでに気候変動は、各地に異常《いじょう》気象を発生させて気象災害《さいがい》を起こし、わたしたちの生活をおびやかしています。このままCO_2などの温室効果《おんしつこうか》ガスの排出を大きく減《へ》らすことができずにいると、将来《しょうらい》は気温の上昇が世界各地の氷河《ひょうが》や氷床《ひょうしょう》をとかして海面を上昇させ、世界に大きな災害をもたらすと心配されています。

気温上昇や異常気象は、農作物の生育や家畜《かちく》の飼育《しいく》に大きく影響するといいます。台風・水害・日照り・冷害などが激《はげ》しくなれば収穫《しゅうかく》が減ることになります。水不足がつづくと作物をつくることができません。作物の病気や害虫の流行による農業被害《ひがい》を予想する声も上がっています。影響は海にも及《およ》んで、魚の生態系《せいたいけい》にも影響しそうです。世界が一致《いっち》して気候変動にブレーキをかけなければいけないのですが、各国の対策《たいさく》はなかなか進んでいません。

2016年に国連食糧農業機関《こくれんしょくりょうのうぎょうきかん》(FAO)は、気候変動によってこれまで通りの食料生産は困難《こんなん》になるだろうとの予測《よそく》を発表しました。また多くの研究者が、人口増加《ぞうか》と食料生産の停滞《ていたい》で世界が食料危《き》機《き》におちいる可能性《かのうせい》は高いと警告《けいこく》しています。

気候を原因《げんいん》とする世界の食料不安予想図（2080年代）

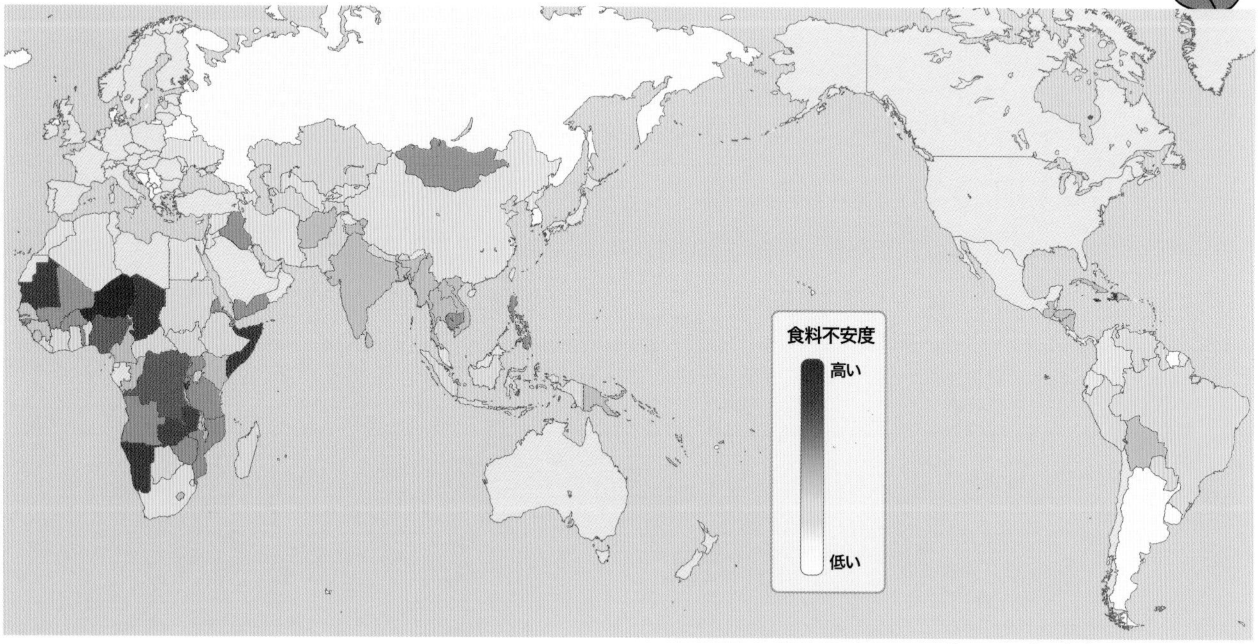

（WFP、イギリス気象局ハドレーセンター）

●気候変動が農業にもたらす影響《えいきょう》

- ■熱波や干《かん》ばつ、洪水《こうずい》といった異常気象《いじょうきしょう》が増《ふ》え、激《はげ》しさを増《ま》すことにより、農業インフラや生産者の生計基盤《きばん》が失われる。
- ■淡水資源《たんすいしげん》の減少《げんしょう》により、耕作地《こうさくち》で水不足が深刻《しんこく》化《か》する。
- ■海面上昇《じょうしょう》や沿岸《えんがん》洪水により、土壌《どじょう》や水資源《みずしげん》が塩《えん》害《がい》に見舞《みま》われ、 漁業や養殖業《ようしょくぎょう》へのリスクが増《ぞう》大《だい》する。
- ■水や食料の衛生《えいせい》が悪化する。
- ■河川水量《かせんすいりょう》の変化により、川や湖の漁業や養殖業が打撃《だげき》を受ける。
- ■気温上昇や渇水《かっすい》が、動植物の健全な生育や繁殖《はんしょく》に悪影響《あくえいきょう》を及《およ》ぼす。

- ▦CO_2の施肥効果《せひこうか》が、農作物の生産に好影響を及ぼす。
- ▦オゾン濃度《のうど》の上昇が、農作物の収穫量《しゅうかくりょう》に悪影響を及ぼす。
- ▦植物、家畜《かちく》、魚類の病気や病害虫の流行の仕方が変化する。
- ▦林業、畜産業《ちくさんぎょう》、漁業・養殖業が打撃を受ける。
- ▦海洋酸性化《さんせいか》により、海洋生物種が死滅《しめつ》する。

* CO_2の施肥効果《せひこうか》：大気中の二酸化炭素《にさんかたんそ》（CO_2）濃度《のうど》の高まりが、作物の光合成を促進《そくしん》して農作物の生育、収穫量《しゅうかくりょう》によい影響《えいきょう》をもたらすこと。

FAOは、上のように気候変動の影響を予測《よそく》しました。とくに作物被害《ひがい》が大きく収穫量を減少させるのは、洪水と干ばつだといいます。気温上昇と降水量《こうすいりょう》減少が見込《みこ》まれる地域《ちいき》では、干ばつ対策《たいさく》が大きな課題になりそうです。

●異常気象《いじょうきしょう》が収穫量《しゅうかくりょう》を減《へ》らす

気象災害《きしょうさいがい》は地域《ちいき》によって違《ちが》いがあり、これまでもアジアでは洪水《こうずい》、アフリカでは干《かん》ばつが大きな被害《ひがい》をもたらしています。気候変動は、災害をこれまで以上に激《はげ》しくし発生回数も増《ふ》やすだろうと予想されています。

2022年、南アジアのパキスタンで、6月中旬《ちゅうじゅん》から2か月以上続いた豪雨《ごうう》によって、国土の3分の1が水没《すいぼつ》するという大洪水が発生しました。海水温の上昇《じょうしょう》がモンスーン（季節風）期の降雨量《こううりょう》を増加《ぞうか》させたことが直接《ちょくせつ》の原因《げんいん》ですが、長雨の前に襲《おそ》った熱波・干ばつが土壌《どじょう》を干《ほ》し固《かた》めて雨水の吸収《きゅうしゅう》をさまたげたこと、氷河《ひょうが》がとけて氷河湖《ひょうがこ》を決壊《けっかい》させ、河川《かせん》を増水《ぞうすい》させたことなど、気候変動の影響《えいきょう》が多数重なった災害でした。

パキスタンは、綿花《めんか》・小麦・米を中心とする農業国です。生産量が世界第5位の綿花は収穫量《しゅうかくりょう》の激減《げきげん》が予想されています。生産量世界第7位の小麦は、耕作地《こうさくち》から水がひかないために2か月以上たっても作付けができませんでした。量はわずかでしたが小麦輸出国《ゆしゅつこく》だったパキスタンも、2023年は小麦を輸入《ゆにゅう》することになりそうです。洪水で死んだ家畜《かちく》は75万頭以上ともいわれています。

パキスタンの2022年の大洪水は史上《しじょう》最悪のレベルといわれました。今後気候変動は、各地の気象災害を史上最悪レベルに引き上げ、発生回数を増やしていくと予測《よそく》されています。

農畜産物《のうちくさんぶつ》に被害《ひがい》をもたらした気象災害《きしょうさいがい》の世界地域別割合《ちいきべつわりあい》

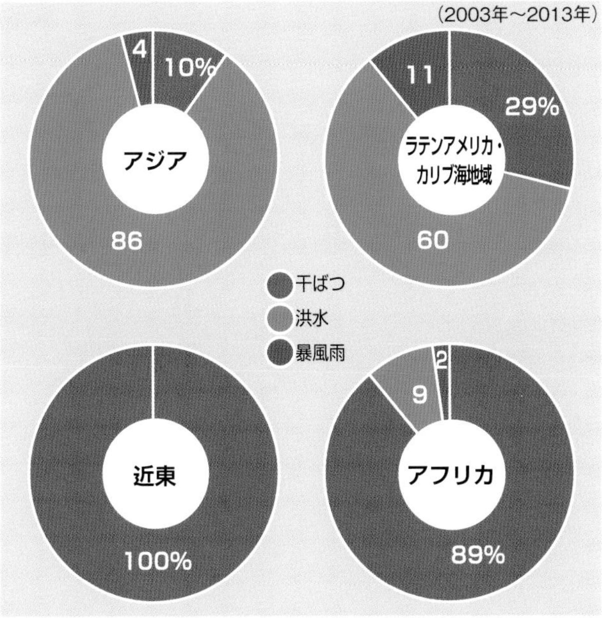

（FAO）

2022年のパキスタンの大洪水《だいこうずい》は、死者数・被害者《ひがいしゃ》数、農業被《ひ》害《がい》とも甚大《じんだい》で、被害農地は8000平方キロメートル（東京都・神奈川県・埼玉県を合わせたほどの面積）にも及《およ》びました。

気温上昇《じょうしょう》で食料生産が低下する

2022年、国連の「気候変動に関する政府《せいふ》間パネル（IPCC)」の第6次評価報告《ひょうかほうこく》書は、気候変動とその影響《えいきょう》について以下のように報告しました。

「2040年までを予測《よそく》すると、地球温暖《おんだん》化による地球の平均気温《へいきんきおん》の上昇《じょうしょう》（産業革命《かくめい》期以後の上昇）は1.5℃にまで達しつつあり、この影響は複数《ふくすう》の気候の極端《きょくたん》化の増加《ぞうか》を引き起こし、生態系及《せいたいけいおよ》び人間に対して複数のリスク（危険性《きけんせい》）をもたらす。2040年より先は、地球温暖化の進行の程度《ていど》によるが、気候変動は自然と人間のシステムに対して数多くのリスクをもたらす。影響は、現在観測《げんざいかんそく》されている程度の数倍までの大きさになる。損失《そんしつ》と損《そん》害《がい》は、地球温暖化が進むたびに拡大《かくだい》していく。（要旨《ようし》)」

IPCCは、世界195か国と世界の科学者が協力して、気候変動の評価・影響・対策《たいさく》などを研究している権威《けんい》ある国際機関《こくさいきかん》です。国連食糧農業機関《こくれんしょくりょうのうぎょうきかん》（FAO）は、IPCCの評価に基《もと》づいて、これまでと同じ場所や同じ方法で農作物を栽培《さいばい》したり、家《か》畜《ちく》を飼育《しいく》したり、魚をとったりすることは、困難《こんなん》になるだろうと予測しています。ある程度までの気温の上昇や二酸化炭素《にさんかたんそ》（CO_2）濃度《のうど》の上昇は、高緯度地域《こういどちいき》など場所によっては、農作物の生育にメリットとなり、収穫量《しゅうかくりょう》を増加させる場合もあるようです。しかし、生育に好ましい温度を超《こ》えたり、十分な水や養分がとれなかったりすると、収穫量は減少《げんしょう》します。極端な気温上昇が度々《たびたび》起こり降水量《こうすいりょう》が減少していくと、多くの地域で農業が成り立たない恐《おそ》れも出てくるといいます。

水不足と食料生産への気候変動の影響《えいきょう》

人間システム	水不足	作物の生産	動物・家畜の健康と生産性	漁獲と養殖の生産量
世界全体	±（中程度）	−（中程度）	○（証拠が限定的、不十分）	−（中程度）
アフリカ	−（中程度）	−（非常に高い）	−（低い）	−（中程度）
アジア	±（中程度）	±（非常に高い）	−（低い）	−（中程度）
オセアニア	±（低い）	−（非常に高い）	±（中程度）	−（中程度）
中南米	±（低い）	−（中程度）	±（中程度）	−（中程度）
ヨーロッパ	±（中程度）	±（非常に高い）	−（中程度）	±（中程度）
北アメリカ	±（中程度）	±（非常に高い）	−（低い）	±（中程度）
小さな島じま	−（非常に高い）	−（中程度）	−（中程度）	−（非常に高い）
北極域	±（低い）	±（非常に高い）	−（非常に高い）	−（非常に高い）
海に近い都市	○（証拠が限定的、不十分）	○（証拠が限定的、不十分）	○（証拠が限定的、不十分）	−（非常に高い）
地中海沿岸地域	−（非常に高い）	−（中程度）	−（非常に高い）	−（非常に高い）
山岳地域	±（非常に高い）	±（中程度）	−（中程度）	○（証拠が限定的、不十分）

影響
± 良い影響と悪い影響の増大
− 悪い影響の増大

確信度
非常に高い
中程度
低い
証拠が限定的、不十分

（IPCC）

●南の開発途上国《かいはつとじょうこく》で影響《えいきょう》が大きい

地球の平均《へいきん》気温の上昇《じょうしょう》は世界の農業にどう影響《えいきょう》するのでしょう。FAOの発表によると、平均気温の上昇によって、地球の高緯度地域《こういどちいき》では穀物収《こくもつしゅう》穫量《かくりょう》の減少幅《げんしょうはば》が小さくなるか作物によっては収穫量が増加《ぞうか》する、逆《ぎゃく》に低緯度地域・熱帯地域では収穫量の減少幅が大きくなり温暖化《おんだんか》が進むにつれて深刻化《しんこくか》するといいます。先進国の集まる世界地図の北側では被害《ひがい》が小さく、開発途上国《かいはつとじょうこく》の多い南側で被害が大きいというのです。小麦の収穫量に対する影響は、北側で生産が伸《の》びるので世界全体では少なそうですが、 南アジアとサハラ以南アフリカでは収穫が大きく減少し、飢餓《きが》リスクが増《ま》す可能性《かのうせい》が高いとされています。トウモロコシの収穫量は、気温上昇の程度《ていど》にかかわりなく大半の地域で減少していくようです。

地域によっては、増加する熱波が家畜《かちく》に被害を及《およ》ぼすと予想されています。暑さのストレスは家畜の病気に対する抵抗力《ていこうりょく》を弱め、結果として家畜は子どもをあまり産まなくなり、肉質《にくしつ》や肉量は低下、出る乳《ちち》の量も減《へ》るといいます。また気象災害《きしょうさいがい》や降水量《こうすいりょう》の増加は、家畜の寄生虫《きせいちゅう》や病気の発生に悪影響をもたらすようです。高温多湿《たしつ》化が進む地

気候変動が世界各地域の農業にあたえる影響

（FAO）

域では、CO_2濃度《のうど》の上昇で雑草《ざっそう》がはびこり害虫や病気が多発する可能性が高まります。人間にも家畜にも悪い影響が出ます。

●日本の農業にも影響《えいきょう》が

農林水産省や環境省《かんきょうしょう》によれば、すでに日本でも気温上昇《じょうしょう》の影響《えいきょう》が現《あらわ》れています。米の品質《ひんしつ》低下は全国で確認《かくにん》され、一部の地域《ちいき》や極端《きょくたん》な高温の年には、収穫量《しゅうかくりょう》の減少《げんしょう》も報告《ほうこく》されています。野菜や果《か》樹《じゅ》についても日焼けや着色不良などが発生し、畜《ちく》産《さん》に関しても各地で被害《ひがい》が出ています。

今後の気温上昇によって、国内は品質の高い米の収穫量が増加《ぞうか》する地域と減少する地域に分かれ、その差が大きくなる可能性《かのうせい》が高いようです。北海道のほぼ全体が米の生産に適《てき》した地域となり、南日本では生産量の低下が予測《よそく》されています。全般《ぜんぱん》的に、高温で二酸化炭素濃度《にさんかたんそのうど》の高い環境《かんきょう》では、米の整粒率《せいりゅうりつ》（米つぶの形・大きさがそろう割合《わりあい》）が低くなるようです。同じように、ミカンやブドウなどの果実や野菜も、栽培《さいばい》に適した土地が変化していきそうです。

気温上昇が穀物《こくもつ》生産に及《およ》ぼす影響は熱帯地域や低緯度《ていいど》地域で大きいといわれ、およそ北緯《ほくい》25度から45度に位置する日本は、作物の適地《てきち》が北に移動《いどう》する程度《ていど》で影響は小さいだろうと予測されています。ただし近海の海面水温の上昇が台風を強大化させ、激《はげ》しい作物被害を出すようになる可能性は高いといいます。

リンゴ栽培適地《さいばいてきち》の変化（気温が 3℃上昇《じょうしょう》した場合）

（地球温暖化と農林水産業、農研機構）

生物多様性《せいぶつたようせい》は食料生産のためにも

2019年、国連食糧農業機関《こくれんしょくりょうのうぎょうきかん》（FAO）は、経《けい》済《ざい》開発や環境汚染《かんきょうおせん》そして気候変動のために、地球の生物多様性《せいぶつたようせい》が失われつつあり、このままでは世界の食料生産が危機《きき》にさらされるとの報告書《ほうこくしょ》を発表しました。農作物は生態系《せいたいけい》を通じて数多くの生物に支《ささ》えられています。それら食料生産に不可欠《ふかけつ》な動植物や微生物《びせいぶつ》の種は、一度失われると取りもどすことはできないという警告《けいこく》でした。

いまミツバチが急激《きゅうげき》な減少《げんしょう》を見せて、世界でも日本でも絶滅《ぜつめつ》が心配されています。FAOは、ミツバチに限《かぎ》らず、甲殻類《こうかくるい》や魚類、昆虫類《こんちゅうるい》など食用野生種の多くが絶滅の危機にあると報告しています。さらにFAOは、2020年に発表した『世界森林白書』で、他の生態系に比《くら》べて生物多様性の高い森林が、1990年以降《いこう》の開発により4億2000万ヘクタール(ha)も失われ、いまも年間1000万haが破壊《はかい》されていると伝えました。

保護《ほご》すべき生物多様性は、野生の生物種だけではありません。現在《げんざい》食料となっている農作物や家《か》畜《ちく》の、原種や改良過程《かてい》の古い種といった農作物の多様性《たようせい》を守っていくことも必要です。

気候変動による気温や降水量《こうすいりょう》の変化は、農作物や家畜の生産量を減少させ品質《ひんしつ》を低下させると予《よ》測《そく》されています。作物多様性の保全《ほぜん》は、気候変動に対応《たいおう》できる作物をつくりだすために大事な活動なのです。

（写真提供:PIXTA）

●ミツバチとその仲間が減少《げんしょう》

2011年の国連環境《かんきょう》計画（UNEP）の調査報告《ちょうさほうこく》によると、ミツバチが激減《げきげん》しているのは、おもに北半球で、ヨーロッパでは10%から30%、アメリカでは30%、中東では85%が死に絶《た》えたとのことです。ミツバチは、ハチミツを提供《ていきょう》してくれるだけでなく、農作物の受粉《じゅふん》を助けてくれる昆虫《こんちゅう》で、世界の食料の90%を占《し》める100種の農産物のうちの7割《わり》はハチが受粉を手助けしているといいます。受粉を手助けする生物には、ハエ、チョウ、甲虫《こうちゅう》などもいますが、もしミツバチがいなくなると、スーパーに並《なら》んでいる野菜・果物・ナッツなどの半分は消えてしまうともいわれ、事態《じたい》は深刻《しんこく》です。ミツバチの大量死には、草花の減少《げんしょう》、寄生虫《きせいちゅう》の広がり、殺虫剤《さっちゅうざい》の使用、大気汚染《おせん》、気候変動の影響《えいきょう》などさまざまな原因《げんいん》が指摘《してき》されています。日本国内の調査では、殺虫剤の使用と寄生ダニの増加《ぞうか》によるミツバチ大量死が多数報告されました。

まだ原因は解明《かいめい》できていませんが、UNEPは、ミツバチ大量死の裏《うら》には、植物の受粉を手助けするすべての昆虫、人間の食料供給《きょうきゅう》に不可欠《ふかけつ》なすべての昆虫への、もっと広い脅威《きょうい》が存在《そんざい》していると警告《けいこく》しました。食料生産のために欠かせない生物

花のミツや花粉《かふん》を集めにきたミツバチ

巣に花粉《かふん》やミツをとどけるミツバチ

ハチミツを集める養蜂《ようほう》農家

（写真提供:PIXTA）

は、昆虫だけではありません。海のマングローブやサンゴ礁《しょう》や海藻《かいそう》、土壌《どじょう》中のミミズや菌類《きんるい》やバクテリアのような、地上以外の生物もふくまれています。

●農作物の多様性《たようせい》を守る

1993年秋、日本は冷夏の影響《えいきょう》から米の生産が大きく落ち込《こ》みました。収穫量《しゅうかくりょう》は国内の必要量に追いつかず、政府《せいふ》はタイから米を緊急輸入《きんきゅうゆにゅう》して米不足を乗り切りました。このときの冷害は単年度で終わったので翌年《よくとし》には米の生産も回復《かいふく》しましたが、将来《しょうらい》気候変動が進むと、冷害や干《かん》ばつが何年も続く可能性《かのうせい》があると予測《よそく》されています。すでにアフリカなどでは、連続する干ばつで国民の多くが飢餓状態《きがじょうたい》におちいる事態《じたい》が起きています。

いま野生生物の多様性《たようせい》だけでなく、農作物の多様性にも注目が集まっています。農作物の多様性を保全《ほぜん》することは、気候変動の環境《かんきょう》変化に適応《てきおう》できる作物を見つけ出すためにも欠かせないとされています。アフリカの圧倒《あっとう》的多数を占《し》める小規模《しょうきぼ》自給農家は、キャッサバ、ヤムイモ、タロイモなどのイモ類、バナナ、トウモロコシ、穀物《こくもつ》、豆類など主食となる多様な作物を栽培《さいばい》または種子で保管《ほかん》する農業を行ってきました。天候不順や病気などでひとつの作物が不作になっても、環境の変化に対応《たいおう》できるべつの作物を栽培することで飢餓を逃《のが》れるためです。しかし最近になって、ガンビアなどでは多くの野生食物種が失われてしまったと伝えられています。そのため、しばしば大量生産された輸入食料に頼《たよ》らざるをえなくなっているのです。

現在《げんざい》、食料となっている作物種だけでなく、人の手が加わる前の原種、過去《かこ》の品種改良途中《とちゅう》の作物種、忘《わす》れられた作物、野生の食物種など、農業にとって有用な植物の種子や遺伝子《いでんし》を保存《ほぞん》する「ジーンバンク」が世界各地に設立《せつりつ》されています。暑さ、寒さ、乾燥《かんそう》、暴風《ぼうふう》など、将来の気候変動の環境変化に適応できる作物が、そうしたジーンバンクのなかから生まれてくるかもしれません。

日本で古くから食べられていた雑穀《ざっこく》

実をつけたアワ。アワは稲《いね》よりはやくから日本で栽培《さいばい》されていたといわれます。

アワの粒《つぶ》

アワなどの雑穀《ざっこく》を使った五穀米《ごこくまい》

（写真提供:PIXTA）

感染症《かんせんしょう》の大流行と家畜伝染病《かちくでんせんびょう》

2022年、国連機関ユニセフは、2020年の新《しん》型《がた》コロナウイルス感染症《かんせんしょう》（COVID-19）の大流行以来、世界の飢餓《きが》人口が1億5000万人増加《ぞうか》したと発表しました。現代《げんだい》の世界的食料システムのなかで発生する感染症の大流行は、病気による死者・患者《かんじゃ》を生みだすだけでなく、多くの飢餓を発生させることが分かりました。今回起きた食料不足は、感染症対策《たいさく》で世界の経済《けいざい》活動が低下したこと、開発途上国《かいはつとじょうこく》の農業が停滞《ていたい》したことなどで、穀物《こくもつ》の流通量が減《へ》ったことが原因《げんいん》です。大流行の3年目にロシアのウクライナ侵攻《しんこう》が始まると、ロシア・ウクライナ両国の穀物が輸出《ゆしゅつ》できなくなり、開発途上国の食料不足に拍車《はくしゃ》がかかりました。

気候変動による感染症の拡大《かくだい》は、国連の「気候変動に関する政府間《せいふかん》パネル（IPCC）」が早くから警告《けいこく》していました。気温上昇《じょうしょう》は、感染症を広める蚊《か》やネズミなどの生息域《せいそくいき》を拡大し、デング熱、日本脳炎《のうえん》、マラリアなどの感染症を増加させます。真相は不明ですが、一時COVID-19はコウモリがもたらした感染症と疑《うたが》われました。森林開発や気象災害《きしょうさいがい》は、自然と人間社会のあいだの中間地帯をなくして、家畜伝染病《かちくでんせんびょう》を拡大させたり、人と動物が共通してかかる感染症《かんせんしょう》を発生させたりする可《か》能性《のうせい》を高めます。感染症の広がりは、まちがいなく食料生産に影響《えいきょう》し、食料不足の人びとをつくりだすのです。

温暖化《おんだんか》による影響《えいきょう》が想定される感染症《かんせんしょう》

感染原因《かんせんげんいん》		感染症《かんせんしょう》の種類
動物からうつる	蚊《か》	日本脳炎《のうえん》、マラリア、デング熱、ウエストナイル熱、リフトバレー熱
	ダニ	ダニ媒介性脳炎《ばいかいせいのうえん》
	げっ歯類	ハンタウイルス肺症候群《はいしょうこうぐん》
環境《かんきょう》からうつる	水の汚染《おせん》	下痢症《げりしょう》（コレラなど）

（環境省）

ハマダラカ　人をマラリアに感染《かんせん》させる蚊《か》。2021年の1年間に、世界で推計《すいけい》62万人がマラリアで死亡《しぼう》しています。

●感染症《かんせんしょう》の世界的流行が食料危機《きき》をまねく

衛生的《えいせいてき》な水が利用できない開発途上国《かいはつとじょうこく》では、地球温暖化《おんだんか》による水温の上昇《じょうしょう》が飲み水のなかの大腸菌《だいちょうきん》などを増殖《ぞうしょく》させ、感染症《かんせんしょう》が増《ふ》えるだろうと予測《よそく》されています。また気候変動によって熱波や洪水《こうずい》などに見舞《みま》われると、被災地《ひさいち》は真水不足から衛生環境《かんきょう》が悪化するので、コレラや赤痢《せきり》などの拡大《かくだい》が予測されます。気象災害《きしょうさいがい》は食料生産を低下させて人びとを栄養不足状態《じょうたい》にしますから、感染症はあっというまに拡大して人びとの命を奪《うば》っていきます。また気温の上昇や降雨量《こううりょう》の増加《ぞうか》は、野生動物からウイルスや細菌を運んでくる蚊《か》やダニなどの発生を増加させ、これまで流行を経験《けいけん》していない地域《ちいき》に、マラリアやデング熱などの感染症を広げる可能性《かのうせい》があります。

感染症の世界的流行が始まると、COVID-19の流行初期に見られたように、人びとが隔離《かくり》されたり出入国が制限《せいげん》されたりすることで経済《けいざい》活動が停滞《ていたい》します。食料生産や食料の輸出入《ゆしゅつにゅう》も例外ではなく、生産量や輸出量が減《へ》って、食料輸入国は食料不足におちいります。とくに開発途上国で流行が拡大すると、食料輸入量の減少《げんしょう》だけでなく、国外からの食料支援《しえん》にも影響《えいきょう》が出て飢餓《きが》が広がる可能性があります。右の地図で、地域気象《ちいききしょう》の変動（異《い》常《じょう》気象）によって感染症が増加した地域は、気温上昇が穀物収穫量《こくもつしゅうかくりょう》に大きく影響する地域でもあります。こうした地域は、感染症の世界的流行が起きると、二重三重に苦しむことになります。

●畜産《ちくさん》農家を苦しめる家畜伝染病《かちくでんせんびょう》

日本が鳥インフルエンザに苦しむようになったのは、2004年にアジアで起こった大流行が日本に飛び火してからです。2022－23年の冬シーズンには60件《けん》近い感染《かんせん》が見つかり、合計で1000万羽以上のにわとりが殺処分《さつしょぶん》されました。日本で飼《か》われている、採卵《さいらん》用・食肉用のにわとり約3億2300万羽の約3％にあたります。鳥インフルエンザウイルスは、渡《わた》り鳥《どり》や野生動物などによって養鶏場《ようけいじょう》に運びこまれます。卵《たまご》や肉を食べて人間に感染する可能性《かのうせい》はないといわれていますが、感染が見つかると養鶏場のすべてのとりが殺処分になるので、養鶏業者には死活問題となっています。

養豚業《ようとんぎょう》では、豚熱《ぶたねつ》の流行が農家を悩《なや》ませています。2022年、栃木県の養豚場で感染が見つかり、約5万6000頭が殺処分されました。これで国内での豚熱感染は、通算83件、殺処分頭数は約35万4000頭となりました。野生のイノシシがウイルスをうつしていることが分かっています。野生イノシシは、森林が減《へ》って生息域《せいそくいき》がせまくなったために、えさを求めて養豚場に近づいていると考えられています。

牛の飼育《しいく》農家で警戒《けいかい》されているのは「口蹄疫《こうていえき》」と呼《よ》ばれるウイルス性感染症《せいかんせんしょう》です。2010年に宮崎県内の複数《ふくすう》の畜産《ちくさん》農家で発見されたときには、ブランド牛をふくむ牛・豚約29万7800頭が殺処分され、被害総額《ひがいそうがく》は1400億円にも上りました。

家畜伝染病《かちくでんせんびょう》は世界を広くおおい、流行が発生すると輸出入《ゆしゅつにゅう》が制限《せいげん》されて、食肉の安定的な供給《きょうきゅう》をむずかしくします。感染対策《たいさく》や殺処分は、畜産農家に大きな負担《ふたん》となって経営《けいえい》を圧迫《あっぱく》しています。森林破壊《はかい》による野生生物と人間社会との接近《せっきん》や、気候変動による気温上昇《じょうしょう》や湿潤《しつじゅん》化といった環境《かんきょう》変化が、新たな家畜伝染病を発生させ、卵や食肉の生産を低下させることも心配されています。

地域気象《ちいききしょう》の変動によって発生が増加《ぞうか》した感染症《かんせんしょう》

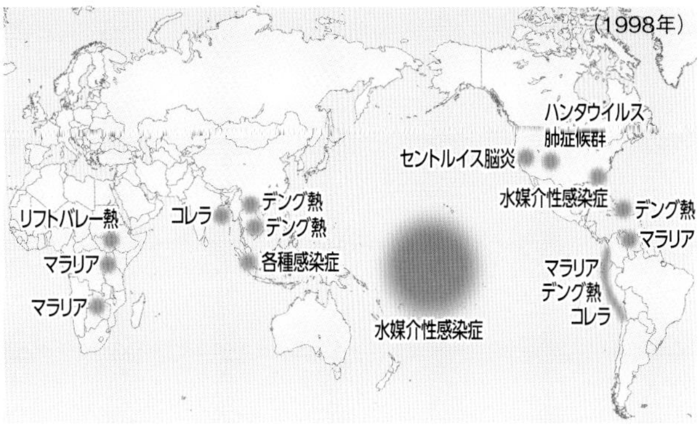

（環境省、WHO）

世界の高病原性鳥《こうびょうげんせいとり》インフルエンザの発生地域《ちいき》

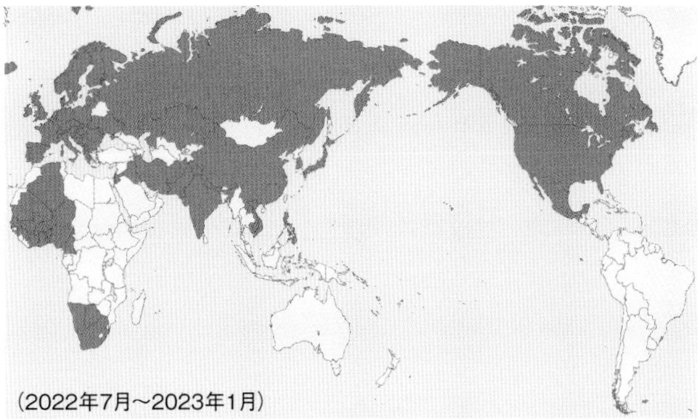

（2022年7月～2023年1月）

（農林水産省）

世界の豚熱《ぶたねつ》（豚《とん》コレラ）の発生地域《ちいき》

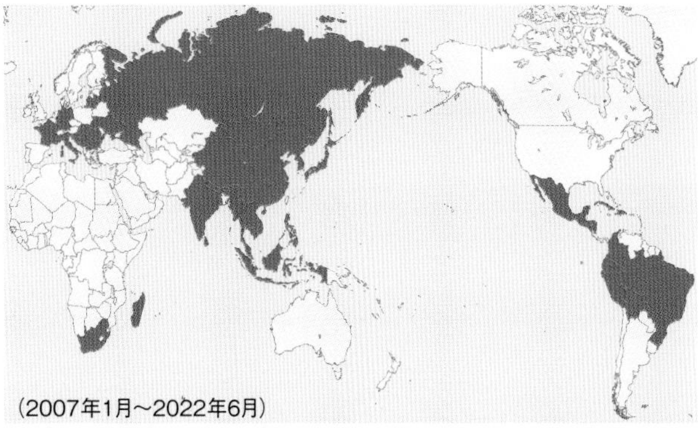

（2007年1月～2022年6月）

（農林水産省）

世界の口蹄疫《こうていえき》発生の可能性《かのうせい》が高い地域《ちいき》

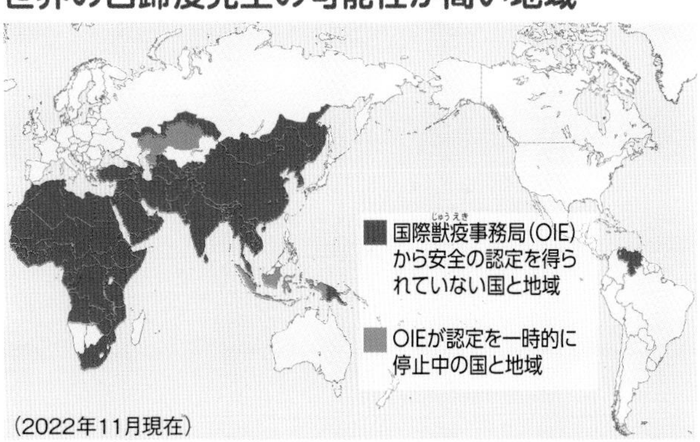

（2022年11月現在）

（農林水産省）

魚の消費量《しょうひりょう》が増《ふ》えてきたために

2020年、世界の漁業生産量は過去《かこ》最高の2億1400万トンに達しました。魚介類《ぎょかいるい》の消費《しょうひ》は、50年ほどのあいだに2倍以上に増加《ぞうか》、2018年の1人あたりの年間消費量《しょうひりょう》は約20.2キログラムになりました。生産量でトップに立つのは中国。世界の生産量の14.7%を占《し》めました。生産量は、欧米《おうべい》や日本以外は増加傾向《けいこう》にあり、中国、インドネシア、インド、ベトナムといったアジアの新興国《しんこうこく》とアフリカの開発途上国《かいはつとじょうこく》の増加が目立っています。

2022年に国連食糧農業機関《こくれんしょくりょうのうぎょうきかん》(FAO)が発表した『世界の漁業と水産養殖《ようしょく》の現状《げんじょう》』は、魚介類は、世界の総《そう》人口がとっている動物性《どうぶつせい》タンパク質《しつ》の約17%を提供《ていきょう》しているといいます。インドネシアやガーナ、後発開発途上国のカンボジア、バングラデシュ、モザンビーク、シエラレオネ、そして開発途上《とじょう》の小さな島国の一部では50%以上を占めているようです。

わたしたちは、エネルギー源《げん》となるだいじなタンパク質を、肉、魚、卵《たまご》、豆、乳製品《にゅうせいひん》などからとっています。飼料穀物《しりょうこくもつ》や水の消費量が大きすぎることから、これ以上肉や卵、乳製品の生産を伸《の》ばす

世界の1人あたりの年間魚介類消費量の変化

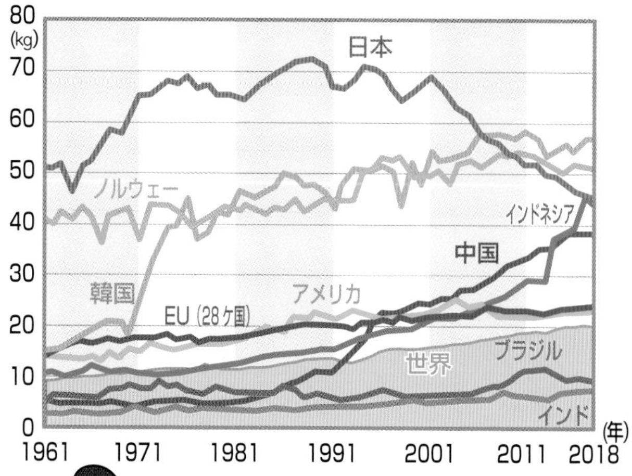

（水産庁）

ことがむずかしくなっている現在《げんざい》、魚は増加する人口を支《ささ》えるうえで貴重《きちょう》なタンパク源です。これまでのところ、養殖業《ようしょくぎょう》による生産の増加で順調のように見える魚の生産量ですが、農業生産と同じように漁業生産の未来にも、いくつもの不安要素《ようそ》が立ちふさがっています。世界は、これからも魚の消費を増《ふ》やし続けることができるのでしょうか。

●魚を食べる国が増《ふ》えてきた

人口の増加《ぞうか》とともに世界は魚の消費量《しょうひりょう》を増《ふ》やし続けています。しかし各国が漁業を活発化すると世界の漁獲量《ぎょかくりょう》はすぐに限界《げんかい》をむかえました。漁船による海面漁業の生産量は、1980年代後半以降《いこう》横ばいで、増えていません。その後の消費量の増加を支《ささ》えてきたのは、陸に近い海や川・湖（内水面）などで盛《さか》んになった養殖業《ようしょくぎょう》でした。魚介類《ぎょかいるい》の総生産量《そうせいさんりょう》に占《し》める海面漁業の割合《わりあい》は、2010年代後半に養殖業に逆転《ぎゃくてん》され、2020年は42.7%にまで下がっています。新興国《しんこうこく》、開発途上国《かいはつとじょうこく》が人口の増加でタンパク源《げん》の食料として魚介類を見直したこと、先進国で肉中心より魚中心の食生活のほうが健康的と見直されたことなどから、世界の魚介

世界の漁業・養殖業《ようしょくぎょう》生産量の変化

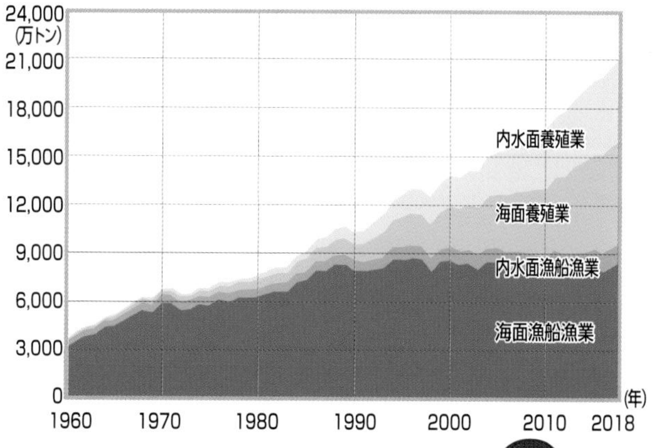

（水産庁）

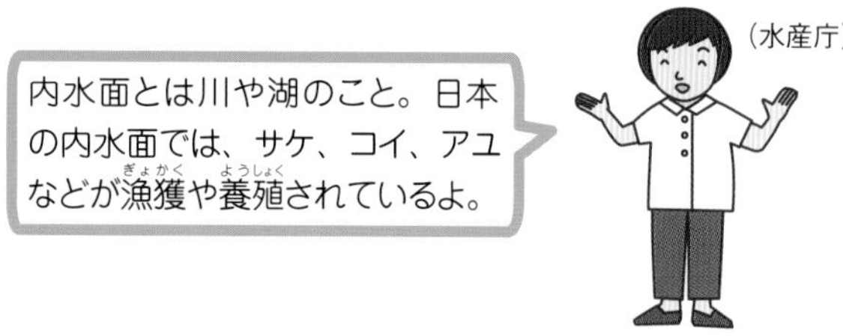

類の消費量は上昇《じょうしょう》を続けているのです。

日本は、昔から世界でも際立《きわだ》って魚を多く食べ、動物性《どうぶつせい》タンパク質《しつ》のほとんどを魚からとっている国でした。豊《ゆた》かな漁場に恵《めぐ》まれて1960年代、70年代に漁業が発展《はってん》、80年代には漁業生産量がピークをむかえました。しかし、世界的な海洋法の整《せい》備《び》で遠洋漁業が困難《こんなん》になったことや、他国の漁業進出などによって1990年代に入ると日本の漁獲量は急激《きゅうげき》に減少《げんしょう》、2000年代に入ると消費量も下がり始めました。豚肉《ぶたにく》・とり肉にくらべ価格《かかく》が割高《わりだか》になってきたことも消費量の減少につながったようです。

日本の漁業生産量の変化

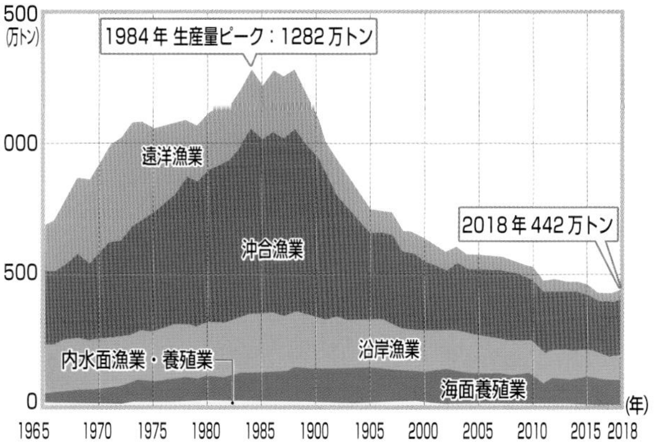

（水産庁）

●世界の海で魚が減《へ》ってきた

サンマは、日本では秋の味覚の代名詞《だいめいし》の1つ。長いあいだ庶民《しょみん》が手軽に食べられる魚でした。しかしここ数年、最盛期《さいせいき》のサンマ1匹《ぴき》の値段《ねだん》が200円前後に値上《ねあ》がり、とても家族で1人1匹ずつ食べられないと嘆《なげ》かれるようになりました。庶民の味方だった魚が高値《たかね》になった理由は、漁獲量《ぎょかくりょう》の激減《げきげん》にありました。2021年の漁獲量は1万8300トンほどで最盛時《さいせいじ》の5％程度《ていど》しかありません。2022年もサンマの不漁は続きました。

サンマは、広い北太平洋を回遊する魚です。日本は北海道沖や三陸沖の沖合漁業で漁獲《ぎょかく》してきましたが、近年は日本の沖合を南下してくるサンマの数が減《へ》っているといいます。日本近海のサンマの減少《げんしょう》について、海水温の上昇《じょうしょう》でサンマの南下ルートが離《はな》れたため、台湾《たいわん》や中国の漁船が公海上で乱獲《らんかく》しているためとする説が大きく報《ほう》じられてきました。しかし水産庁《すいさんちょう》は、これまで豊富《ほうふ》だった魚が不漁続きになる現象《げんしょう》は、サンマだけでなくスルメイカやサケにも見られ、地球温暖化《おんだんか》や海洋環境《かんきょう》の変化などによって資源《しげん》変動が起きているためと説明しています。

日本のサンマ漁獲量《ぎょかくりょう》の変化

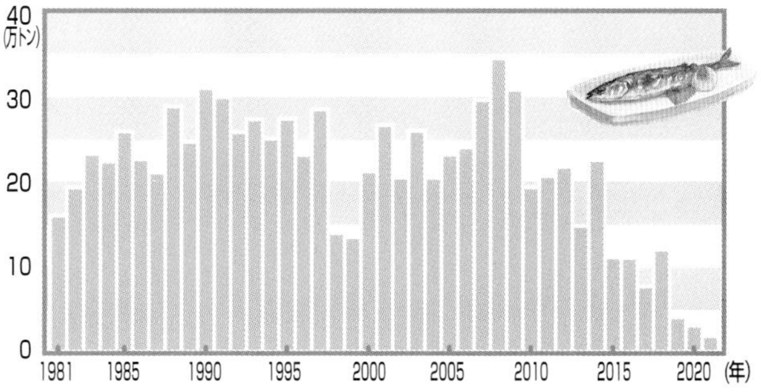

（全国さんま棒受網漁業協同組合）

北太平洋のサンマの推定《すいてい》資源量《しげんりょう》の変化

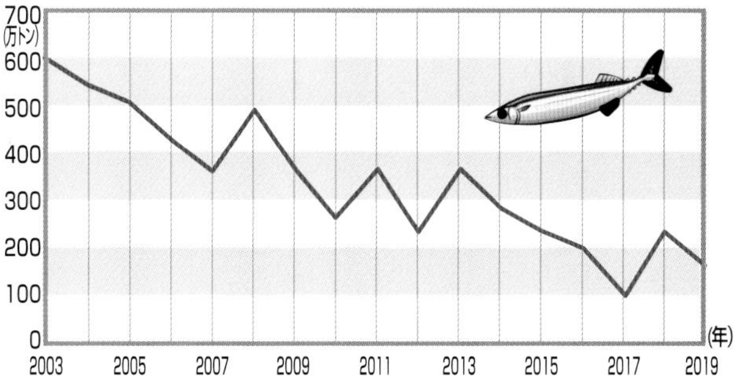

（水産庁）

日本が実施《じっし》した資源量直接推定調査《しげんりょうちょくせつすいていちょうさ》（表層《ひょうそう》トロール）から推定したサンマの分布《ぶんぷ》量です。調査海域《かいいき》は、東経《とうけい》 165 度から西経《せいけい》 163 度、およそ北緯《ほくい》 20 度以北アリューシャン列島までの北太平洋海域になります。

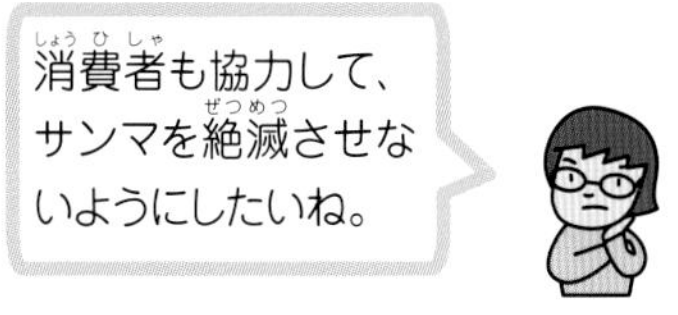

日本の漁船が時間や燃料《ねんりょう》を費《つい》やして遠く公海上まで漁に出かけたのでは、獲《と》れたサンマの値段が高くなってしまいます。現在《げんざい》のところ、サンマの養殖技術《ようしょくぎじゅつ》は開発できていません。このままだと庶民の味方だったサンマが、高級魚になってしまうかもしれません。サンマに限《かぎ》らず、乱獲や地球温暖化の影響《えいきょう》で、世界の海の多くの魚種が資源量《しげんりょう》を低下させているのです。魚が危機《きき》におちいっています。

乱獲《らんかく》で魚が激減《げきげん》している

限《かぎ》りなく繁殖《はんしょく》しているように見える海の魚も、獲《と》りすぎて数を減《へ》らすと、数を回復《かいふく》できなくなります。減少《げんしょう》してきた種が数を回復するには時間がかかるので、なおも獲り続けていると種は絶滅《ぜつめつ》に向かうといいます。

漁獲資源《ぎょかくしげん》の調査《ちょうさ》を続けている国連食糧農業機関《こくれんしょくりょうのうぎょうきかん》（FAO）のデータによると、回復不能《ふのう》な乱獲状《らんかくじょう》態《たい》にある魚の種類は、1974年には10％程度《ていど》でしたが、45年後の2019年には3.5倍に増《ふ》えていました。世界の魚の3分の1以上が絶滅に向かっているのです。研究者たちは、広い海洋のサンプル調査から魚種ごとの個体《こたい》数（資源量《しげんりょう》）を推計《すいけい》して、種を絶滅に向かわせない、許容《きょよう》される漁獲量《ぎょかくりょう》を算出しています。

アメリカの学術誌《がくじゅつし》「サイエンス」に、「乱獲、地球温暖《おんだん》化、海洋汚染《おせん》のために、このままだと2048年には海から食用の魚がいなくなる」というショッキングな論文《ろんぶん》が発表され話題になったことがあります。17年も前の2006年のことです。アメリカやヨーロッパの漁業先進国は、それ以前から魚の資源管理に取り組み、漁獲量規制《きせい》（制《せい》限《げん》）を実施《じっし》してきました。しかし、世界の漁獲量の半分ほどを占《し》めるアジアでは、いまも日本をふくめて漁獲量規制が立《た》ち遅《おく》れています。せめて乱獲だけでもストップさせないと、魚のいなくなる日がほんとうに来るかもしれません。

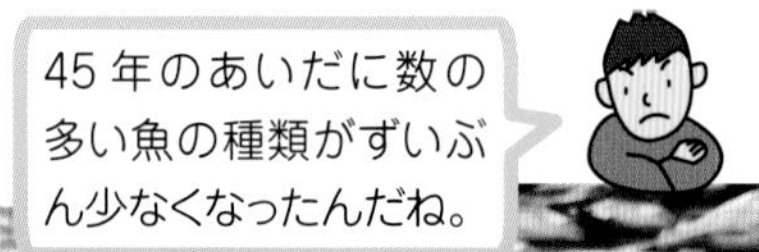

世界の魚種の資源《しげん》としての変化

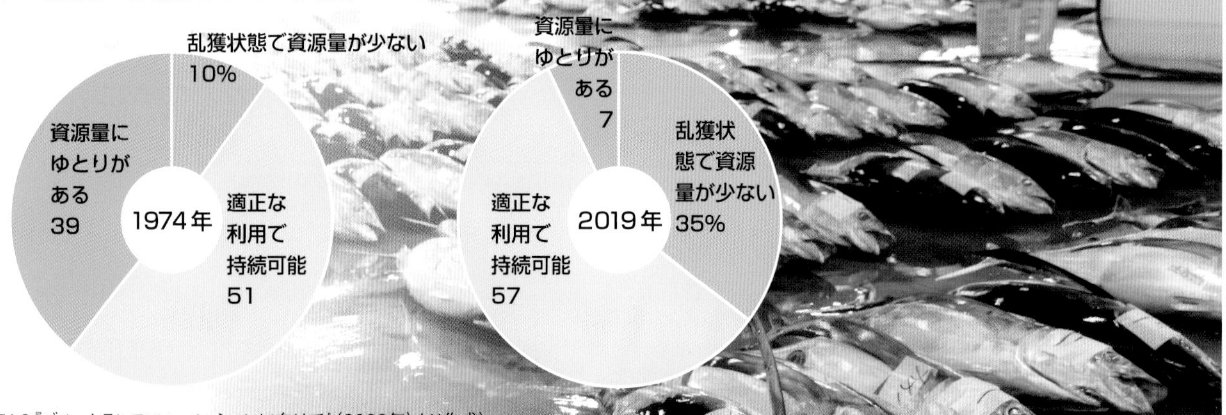

（FAO『ブルートランスフォーメーションに向けて』（2022年）より作成）

（写真提供:PIXTA）

●ウナギの絶滅危惧種《ぜつめつきぐしゅ》指定は日本の責任《せきにん》

たとえば日本人の大好きなウナギも、ぐんぐん数を減《へ》らし、絶滅《ぜつめつ》が心配されている魚です。ウナギの減少《げんしょう》については、長いあいだきちんと資源《しげん》管理をせずに獲《と》り続《つづ》け、大量に食べ続けてきた日本に大きな責任《せきにん》があります。日本は、乱獲《らんかく》で国内の天然ウナギが獲れなくなると、台湾《たいわん》や中国から稚《ち》魚《ぎょ》（子ども）を輸入《ゆにゅう》して国内で成魚まで養殖《ようしょく》しました。さらにその後は、ヨーロッパの稚魚を使い台湾・中国が養殖、成魚（大人）を日本が輸入するようになりました。日本は、最盛《さいせい》時の2000年

日本のウナギ供給量《きょうきゅうりょう》の変化

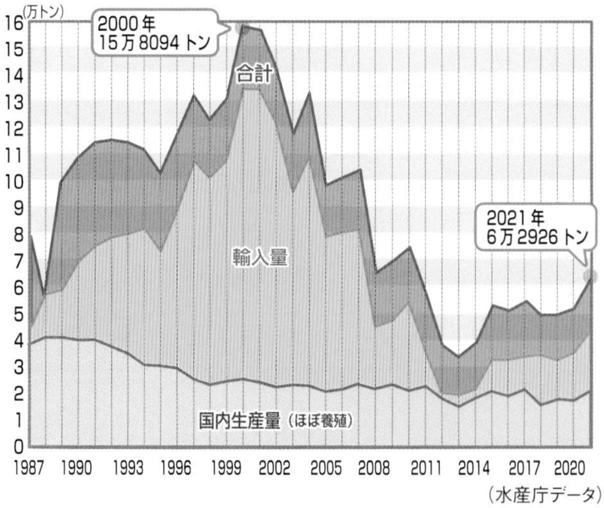

（水産庁データ）

には、約15万8000トンのウナギを消費《しょうひ》しました。そのうちの約13万3000トンは輸入でした。

広く深い海を回遊する魚で、養殖（稚魚から成魚に育てる）や栽培《さいばい》（卵《たまご》から稚魚に育てる）のできる魚は多くありません。栽培漁業が技術《ぎじゅつ》開発されていないにもかかわらず、各地の海で稚魚を乱獲したために世界のウナギは急激《きゅうげき》に減少しました。ヨーロッパウナギは絶滅危惧種《ぜつめつきぐしゅ》となり、2009年から世界的に貿易《ぼうえき》取引が規制《きせい》されるようになりました。規制によって、2021年に日本の市場に出回ったウナギは約6万3000トンにまで減りました。3分の2が輸入ウナギで、3分の1が国内養殖ウナギです。ウナギの減少はニュースでもくり返し伝えられてきました。それでも日本人は、値段《ねだん》が高くなったことを嘆《なげ》きながら、いまも盛《さか》んにウナギを食べ続けています。

（写真提供:PIXTA）

世界の主な水産国と水産物輸《ゆ》出入国《しゅつにゅうこく》

（2019年）

順位	漁獲生産量（万トン）	養殖生産量（万トン）	輸出額（億ドル）	輸入額（億ドル）
1	中国　1417	中国　6842	中国　202.6	アメリカ　235.2
2	インドネシア　734	インドネシア　1543	ノルウェー　120.2	中国　183.4
3	インド　548	インド　793	ベトナム　87.0	日本　154.9
4	ロシア　498	ベトナム　450	インド　68.6	スペイン　81.4
5	ペルー　485	バングラデシュ　249	チリ　66.8	フランス　67.3
6	アメリカ　482	韓国　240	タイ　58.7	イタリア　66.2
7	ベトナム　344	フィリピン　236	オランダ　57.2	ドイツ　58.9
8	日本　325	エジプト　164	カナダ　56.1	韓国　56.2
9	ノルウェー　248	ノルウェー　145	エクアドル　55.2	スウェーデン　52.7
10	チリ　238	チリ　141	ロシア　54.9	イギリス　46.0

（世界国勢図絵2022/23）

●漁獲資源《ぎょかくしげん》を守る持続可能《かのう》な漁業

日本の漁獲量《ぎょかくりょう》の下降《かこう》は、政府《せいふ》が漁獲量に規制《きせい》をかけないために、資源量《しげんりょう》が減少《げんしょう》を続けているからといわれていました。ノルウェーやアイスランド、アメリカ、オーストラリアなどの漁業先進国では、持続的な漁業を可能《かのう》にするために、漁獲量の規制が行われています。漁獲量制限《せいげん》によって、実際《じっさい》に資源《しげん》が回復《かいふく》を見せている国もあります。漁業先進国では、魚種ごとに総漁獲可能量《そうぎょかくかのうりょう》（TAC）を定め、漁業従事者《じゅうじしゃ》に漁獲《ぎょかく》してよい量を割《わ》りあてています。TACは、その魚種を絶滅《ぜつめつ》に向かわせることなく、持続的利用を可能にするためのものです。

日本でも1997年からTACを設定《せってい》するようになりました。いまは、サンマ、スケトウダラ、マアジ、マイワシ、サバ類、ズワイガニ、スルメイカ、クロマグロの8種類がTACの対象魚種となっています。そのほか、水産資源管理のために行う調査・評価《ひょうか》対象の魚種を増《ふ》やしながら（2022年現在192種）、漁業従事者と協力して漁船の数や漁の日数制限、若い魚を保護するための漁船設備や漁具《ぎょぐ》の規制《きせい》などに取り組んでいます。

すべての国が正しい資源管理の下に漁業活動を行えば、世界の魚の数は2050年までに現在《げんざい》の2倍に回復する可能性《かのうせい》があるとする研究者もいます。しかし各国の規制対象《たいしょう》は、原則《げんそく》的に自国の経済水域《けいざいすいいき》内だけで公海はふくんでいません。公海上では、乱獲といってもよい、無制限の漁業が行われています。世界の漁獲量の5分の1は、漁獲規制のない国や地域《ちいき》、密漁《みつりょう》や違法《いほう》な漁業などで獲《と》られたものといわれています。

養殖《ようしょく》によって漁業生産量を増《ふ》やすことは可能かもしれません。しかし、養殖・栽培《さいばい》のできる魚種は限《かぎ》られています。また養殖は、海中のせまい場所でたくさんの魚を飼育《しいく》するため、その拡大《かくだい》には、感染症《かんせんしょう》が発生しやすい、水質《すいしつ》を汚染《おせん》するといった問題がつきまといます。魚を持続可能な食料とするために、公海上までふくめた世界的資源管理、漁獲量規制が急がれています。

地球温暖化《おんだんか》と海洋汚染《おせん》で

急激《きゅうげき》に魚を減少《げんしょう》させている最大の原因《げんいん》が漁船による乱獲《らんかく》であることはまちがいないでしょう。しかしこれからは、地球の温暖化《おんだんか》と海洋の汚染《おせん》が、乱獲とならんで、もしくは乱獲以上に魚介類《ぎょかいるい》を絶《ぜつ》滅《めつ》に向かわせるかもしれません。

現在《げんざい》のところ、地球温暖化と海洋汚染がどの程《てい》度《ど》魚を減少させているかは明確《めいかく》ではありません。しかし地球温暖化は、すでに暖水性《だんすいせい》のサンゴや海草の藻場《もば》など沿岸生態系《えんがんせいたいけい》に悪影響《あくえいきょう》をもたらしています。地球温暖化はさまざまな海洋変化を引き起こしますが、魚介類に影響《えいきょう》をあたえるのはおもに海水温の上昇《じょうしょう》と海水の酸性《さんせい》化です。国連機関「気候変動に関する政府間《せいふかん》パネル（IPCC）」は、すでにこれらの気候変動によって世界の海で生態系の構造《こうぞう》に変化が起き、種の生息域《せいそくいき》が移動《いどう》している確信度《かくしんど》が高いと、気候変動の影響が始まっていることを報告《ほうこく》しています。

海洋汚染が魚の減少に関わっていることも明らかです。海洋汚染物質《ぶっしつ》でいま最も問題となっているのは、海のなかで分解《ぶんかい》されることのないプラスチックごみです。とくに微細《びさい》なマイクロプラスチックの広がりが危惧《きぐ》されています。人類が魚介類を食料とし続けるためには、海の生態系を壊《こわ》さず、それぞれの種の個体《こたい》数を回復可能《かいふくかのう》な量に保《たも》たねばなりません。乱獲をやめるだけでなく、地球温暖化にストップをかけ、海の環境《かんきょう》を守っていく必要があるのです。

（写真提供:PIXTA）

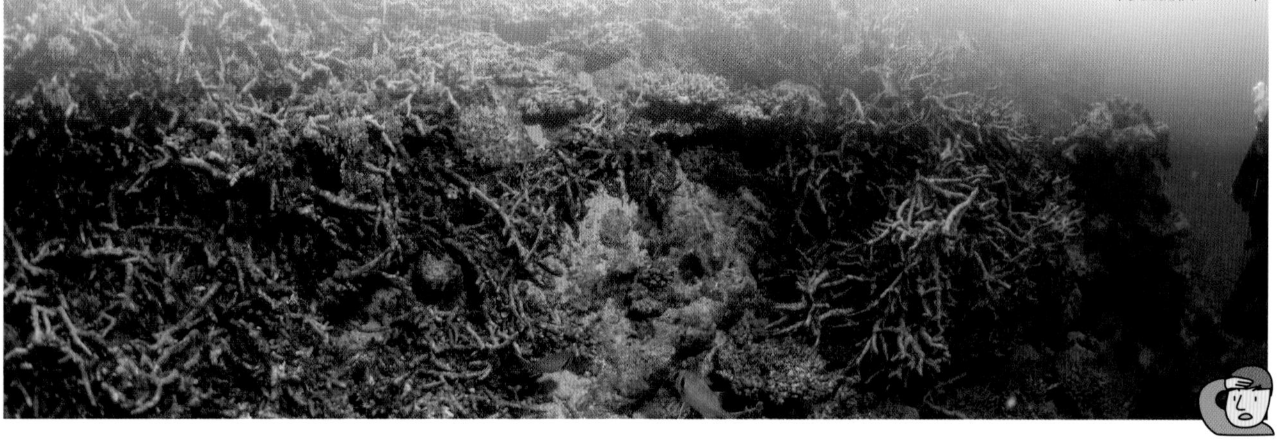

●海水温上昇《じょうしょう》と海洋酸性化《さんせいか》

地球温暖化《おんだんか》による海水温の上昇《じょうしょう》は、海が、温室効果《こうか》によって大気中に蓄積《ちくせき》された熱を吸収《きゅうしゅう》することで起こります。IPCCによれば、この100年くらいのあいだに地球の平均《へいきん》気温は1.09℃上昇し、海洋の平均海面水温は0.56℃上昇しています。海面水温の変化は地域《ちいき》によって差があり、日本近海は1.12℃の上昇でした。

海洋酸性化《さんせいか》は、大気中で濃度《のうど》を高めた二酸化炭《にさんかたん》素《そ》（CO_2）を、海が吸収することによって起こります。大気中のCO_2濃度が高くなったのは、人間が化石燃料《かせきねんりょう》を燃《も》やしてCO_2を排出《はいしゅつ》し続けてきたためです。海水は基本的《きほんてき》に弱アルカリ性《せい》です。酸性・アルカリ性の度合いを測《はか》る水素《すいそ》イオン濃度の値《あたい》（pH）は、世界の表面海水の平均がおよそpH8.1です。中性《ちゅうせい》（pH7）よりもアルカリ性に寄《よ》っています。CO_2を長いあいだ盛《さか》んに吸収してきたことで、表面海水のpHは世界平均で0.1程度《ていど》下がったとされています。

海水温上昇と海洋酸性化は、サンゴの白化《はくか》（死《し》滅《めつ》）をまねいているだけでなく、海洋生物に欠《か》かすことのできない藻場《もば》・海草草原・昆布林《こんぶりん》などを減《げん》少《しょう》させています。その一方で、藻類《そうるい》の過剰《かじょう》な繁殖《はんしょく》（アオコ）を増加《ぞうか》させ、メキシコのマグロ産業やチリのサーモン養殖《ようしょく》に被害《ひがい》をもたらしています。水温の上昇は深海にも及《およ》んでいるため、表層《ひょうそう》の海流だけでなく、深層《しんそう》から表層へ向かう湧昇流《ゆうしょうりゅう》にも変

気候変動が2100年の漁獲量《ぎょかくりょう》にあたえる変化

(2019年)

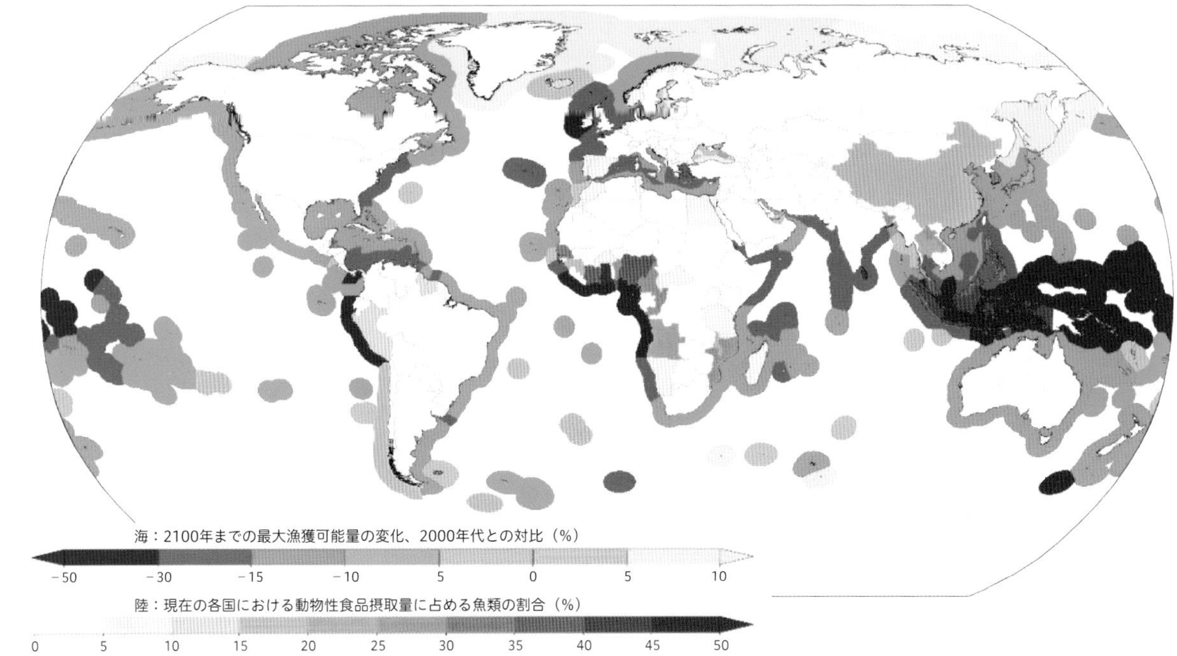

(IPCC)

化をもたらし、魚の産卵場《さんらんじょう》・餌場《えさば》・回遊経路《けいろ》を変化させるなど生態系《せいたいけい》に影響《えいきょう》をあたえています。

IPCCは、酸性化の進行は21世紀《せいき》末までに、pHをさらに0.04から0.29程度押《お》し下げ、より酸性に近づくだろうと予測《よそく》しています。海水中にふくまれる酸素量《さんそりょう》の低下や栄養素《えいようそ》の減少も観測《かんそく》されていて、CO_2排出量《はいしゅつりょう》を減少できずに地球温暖化が最悪のペースで進んだ場合、最大漁獲可能量《ぎょかくかのうりょう》は20.5%から24.1%減少するだろうと予測しています。

●広がるマイクロプラスチック

人間は大昔からごみを川や海に捨《す》ててきました。それでも海の力によってごみは浄化《じょうか》され、海水は水質《すいしつ》を回復《かいふく》してきました。しかし近年になって、本来自然界に存在《そんざい》しない物質《ぶっしつ》までが、海の浄化能《のう》力《りょく》を超《こ》えて大量に放出されるようになったため、海洋汚染《おせん》は広がり続けています。

いま大きな問題となっているのは、プラスチックごみの広がりです。多くの死んだ海洋生物の胃《い》のなかから、プラスチックのごみや破片《はへん》や糸などが発見されています。プラスチックの漁網《ぎょもう》や釣《つ》り糸にからまったり飲《の》み込《こ》んだりして死んだ海ガメや大型《おおがた》魚、海鳥《うみどり》なども見つかっています。プラスチックごみは毎年800万トンも海洋に流入しているとされ、このままいくと2050年には海洋プラスチックごみの重量が魚の総重量《そうじゅうりょう》を超《こ》えるともいわれています。

マイクロプラスチックは、波や紫外線《しがいせん》の作用で5ミリ以下になったものや、もとから粒状《つぶじょう》で海に流出した微細《びさい》なプラスチック粒子《りゅうし》などです。マイクロプラスチックは、人間社会から遠《とお》く離《はな》れた北極海や深海でも確認《かくにん》されています。イワシなど小魚が飲み込んだ粒子は、食物連鎖《れんさ》で、より大きな魚の体内に蓄積《ちくせき》されていきます。マイクロプラスチックには有害なものもあり、広く生態系《せいたいけい》に浸透《しんとう》しているとの調査報告《ちょうさほうこく》から、食料資源《しげん》としての漁《ぎょ》獲量《かくりょう》への影響《えいきょう》も心配されています。

IPCCは、食物連鎖によって、人間が食料とする大型魚の体内で有毒《ゆうどく》レベルにまで濃縮《のうしゅく》される有害物質として、ポリ塩化ビフェニル(PCB)やメチル水銀の海洋汚染にも警告《けいこく》を発しています。

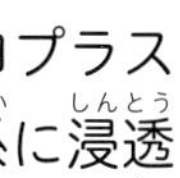

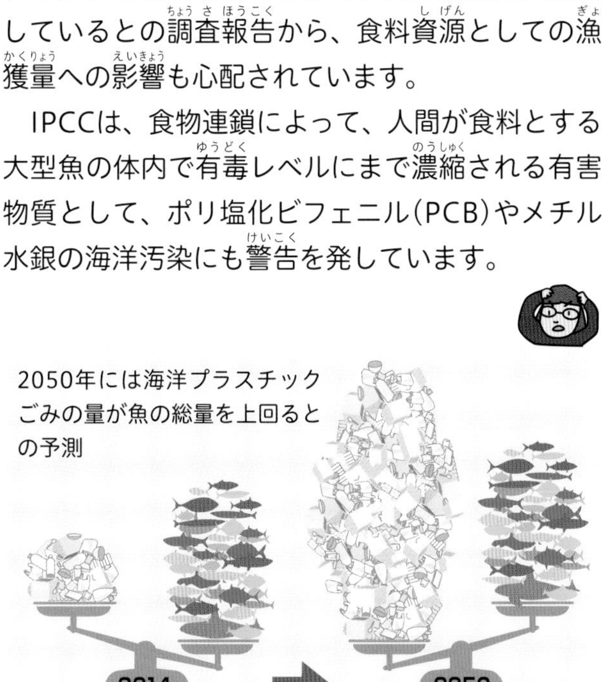

食料輸入《ゆにゅう》大国日本

今世紀《こんせいき》後半の世界は、人口が100億人に達することで、現在《げんざい》の1.3倍から1.4倍の穀物《こくもつ》が必要になるといわれています。しかし、それを生みだすことはなかなかむずかしそうです。農地はこれ以上増《ふ》やせず、化学肥料《ひりょう》や農薬は減《へ》らさなければいけません。農業用の水も不足してきます。どうやって収穫量《しゅうかくりょう》を増やしたらいいのでしょう。穀物が増えなければ、食肉を増やすこともむずかしく、魚介類《ぎょかいるい》にいたっては、収獲《しゅうかく》量が減っていきそうです。

世界的食料危機《きき》は、ほんとうにやってくるのでしょうか。8億2800万人が食料不足に苦しんでいる食料危機は現実《げんじつ》です。しかし将来《しょうらい》の食料危機はあくまでも予測《よそく》、むやみに悲観的になる必要はないかも知れません。ただし、予測といっても研究者たちが科学的に導《みちび》きだしたもので、可能性《かのうせい》は高いといえます。

日本は多くの食料を輸入《ゆにゅう》に頼《たよ》っています。世界の先進国のなかでもとびぬけて食料自給率《じきゅうりつ》の低い国です。日本のわたしたちが食料危機に見舞《みま》われると、それは食料自給率の高い国とは違《ちが》ったものになります。食料危機に備《そな》えるために、そして食料危機の影響《えいきょう》を軽くするために、最後に日本の食料事情《じじょう》をもう少し知っておくことにしましょう。

●日本の「豊かな食生活」は輸入《ゆにゅう》だのみ

2021年の日本の食料自給率《じきゅうりつ》は38%。日本は、食料の6割《わり》以上を輸入《ゆにゅう》に頼《たよ》っています。下の図は、現状《げんじょう》のまま食料輸入なしでできる1日の食事を、農林水産省がイメージしたサンプルです。作付けを米・小麦中心にして日本の「食料自給力（農業生産能力《のうりょく》）」をフル活用した想定でシミュレーションされています。1人あたりの1日の熱量は、現在《げんざい》とっている熱量より400kcalほど下がります。

品目別自給率《じきゅうりつ》（カロリーベース）

（2021年）

品目	自給率(%)	品目	自給率(%)
米	98	魚介類	53
小麦	17	野菜	75
牛肉	12	果実	30
豚肉	6	大豆	26
鶏肉	8	砂糖類	36
鶏卵	13	油脂類	3
牛乳・乳製品	27	その他	22

（農林水産省）

食料完全自給による食事のイメージ（米・小麦中心生産の場合）

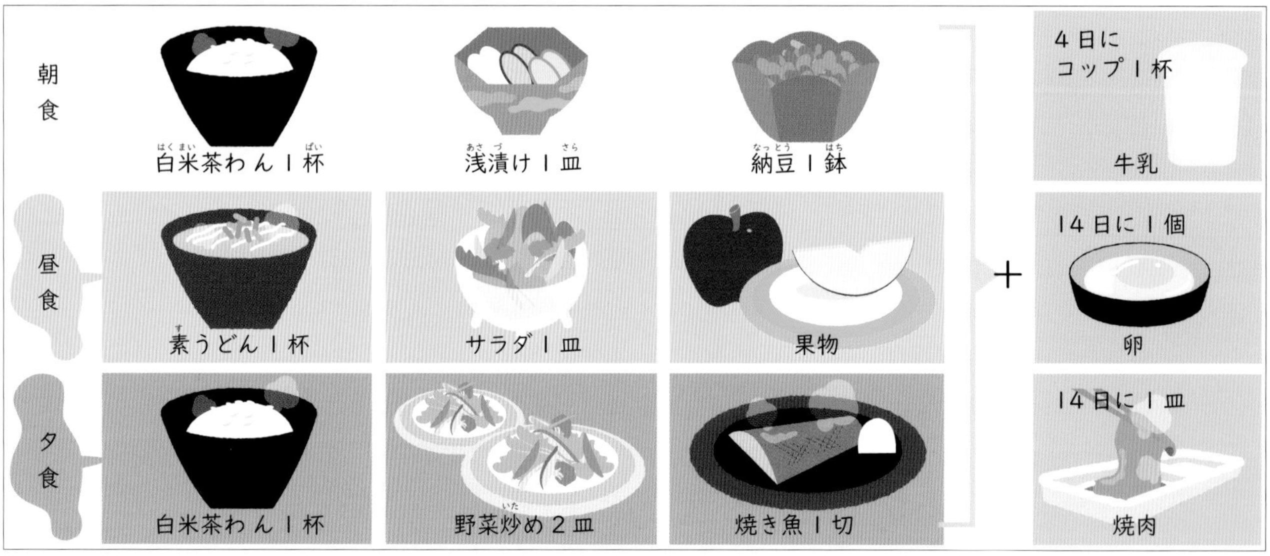

（農林水産省）

イモ類中心の作付けにすれば、必要熱量はクリアできるそうです。肉・卵《たまご》・牛乳《ぎゅうにゅう》が思うように食べられないのは、家畜《かちく》のえさの飼料穀物《しりょうこくもつ》がほとんど輸入なので、生産量が大きく減《へ》るためです。食用油の原料の油糧種子《ゆりょうしゅし》もほぼ輸入なので、揚《あ》げ物《もの》などはめったにできないでしょう。果物はリンゴやミカン、カキやナシなど種類が限《かぎ》られます。ごはんがあっても、みそ汁《しる》はついていません。みその原料の大豆がほぼ輸入だからです。

これは、日本の食料事情《じじょう》、日本の農業の現状をみんなで考えてもらおうと、農林水産省が作成したシミュレーション。すべての食料輸入がいっぺんに止まってしまうような事態《じたい》は起こりにくいので、将来実際《しょうらいじっさい》にこうなるというものではありません。しかし長期的に食料輸入がストップしたり、輸入できる量が減ってきたりした場合、いまの食生活が続けられないことはシミュレーションからも明らかです。

●フードマイレージで見た日本の食料輸入《ゆにゅう》

食料自給率《じきゅうりつ》以外にも、日本の食料海外依存《いぞん》の問題点を教えてくれる数字があります。「フードマイレージ」です。フードマイレージは、食料の輸《ゆ》入量《にゅうりょう》に輸送距離《ゆそうきょり》をかけた数字で、単位をトン・キロメートル（t・km）で表します。その国の食料輸入が地球環境《かんきょう》にあたえる負荷《ふか》（悪影響《あくえいきょう》）を知ることができます。

食料を運ぶ貨物船のエンジンや冷凍《れいとう》・冷蔵設備《れいぞうせつび》は二酸化炭素《にさんかたんそ》（CO_2）を排出《はいしゅつ》します。また長距離《ちょうきょり》大量輸送《ゆそう》は大量の食料ロスを生みます。食料ロスもCO_2の排出源《はいしゅつげん》になります。輸送量の多さや輸送距離の長さは、そのままCO_2排出量の大きさにつながるので、フードマイレージは、その国の食料輸入が環境にあたえる悪影響の大きさを表すことになります。

左下のグラフを見ると、ばく大な量の食料を輸《ゆ》入《にゅう》している日本のフードマイレージは、先進国のなかでも突出《とっしゅつ》して高い数字です。20年ほど前に計算されたデータですが、いまも大きな変化はなさそうです。食料自給率《じきゅうりつ》の低い日本は、国内の活動だけでなく食料輸入でも大量のCO_2を排出していたのです。

フードマイレージを小さくするには、食料自給《じきゅう》率《りつ》を高め、食料の地産地消を進めることです。地元生産の大豆でつくった豆腐《とうふ》のフードマイレージは、輸入《ゆにゅう》大豆からつくった豆腐の6000分の1、CO_2排出量《はいしゅつりょう》は400分の1という試算もあります。1億2500万人がフードマイレージの高い食料を大量消費《しょうひ》している飽食《ほうしょく》の日本。CO_2排出《はいしゅつ》だけでなく、他国の水資源《みずしげん》を消費するバーチャルウォーターの問題もありますから、日本の「食料自給率38%」は、SDGsに反した食料システムといわざるをえません。

主要国のフードマイレージ比較《ひかく》

(2001年)

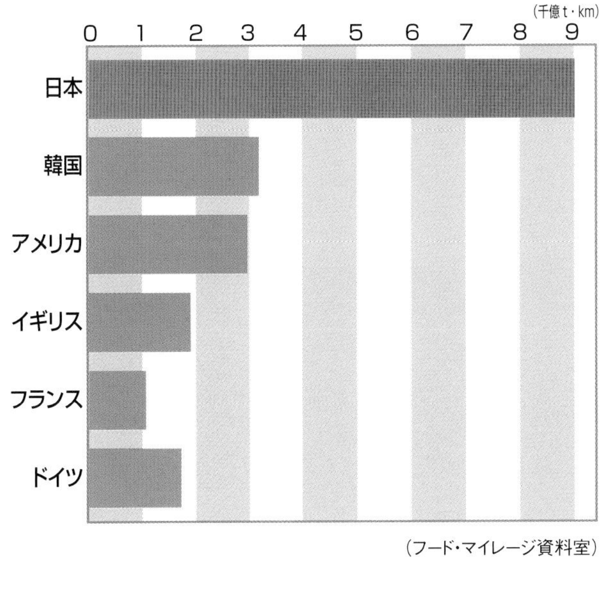

（フード・マイレージ資料室）

日本のフードマイレージの品目別割合《わりあい》

(2016年)

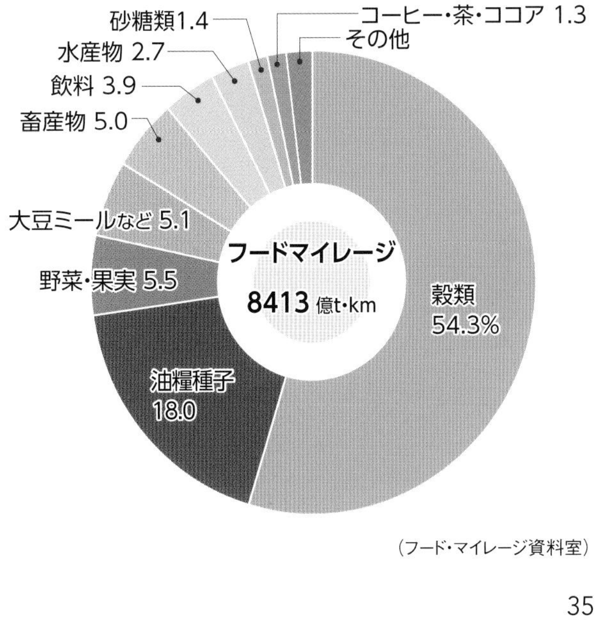

（フード・マイレージ資料室）

食料輸入《ゆにゅう》ができなくなるとき

近年、国際《こくさい》社会との協調よりも自国利益《りえき》を優先《ゆうせん》すると発言する政治《せいじ》リーダーが増《ふ》えてきました。実際《じっさい》にロシアはウクライナに侵攻《しんこう》して世界に緊張《きんちょう》と分断《ぶんだん》をもたらしました。こうした世界の動きに、「日本は食料の大半を外国に依存《いぞん》していて大丈夫《だいじょうぶ》なのか」「食料自給率《じきゅうりつ》を上げる必要はないのか」という声が高まってきています。

世界が平和で安定しているときは、食料の輸出《ゆしゅつ》入《にゅう》も問題なく行われます。しかし、ひとたび世界を揺《ゆ》るがすような事件《じけん》が起きると、予定していた食料が輸入できない、そのために国内が食料不足になる、といった事態《じたい》が起きかねません。ロシアのウクライナ侵攻では、ロシア・ウクライナ両国が小麦の主要輸出国であったことから、世界の小麦の流通量が減少《げんしょう》して小麦価格《かかく》が上昇《じょうしょう》、日本の食品全般《ぜんぱん》が値上《ねあ》がりしました。日本は物価《ぶっか》上昇だけですみましたが、食料の小麦を輸入に依存していた開発途上国《かいはつとじょうこく》は食料不足に見舞《みま》われることになりました。

しかし、世界の食料流通をストップさせるのは、戦争や武力紛争《ぶりょくふんそう》のような政治的な事件だけではありません。致死率《ちしりつ》が高い感染症《かんせんしょう》の大流行、干《かん》ばつ・大洪水《だいこうずい》、大火災《だいかさい》といった異常気象《いじょうきしょう》、世界同時不作、農業用淡水《たんすい》の枯渇《こかつ》、国家間の経済的《けいざいてき》対立など、さまざまな原因《げんいん》が考えられるのです。

●世界が穀物《こくもつ》不足になると

世界で穀物《こくもつ》を大量に輸出《ゆしゅつ》できる国は限《かぎ》られています。小麦、米、トウモロコシとも、輸出上位3か国だけで総《そう》輸出量の半分前後を占《し》めています。このまま気候変動が進行していくと気温上昇《じょうしょう》が世界の穀物生産に悪影響《あくえいきょう》をあたえ、これまで穀物を自給または多少なりと輸出できていた低緯度《ていいど》・中緯度地域《ちいき》の国々《くにぐに》も、収穫量《しゅうかくりょう》不足から輸入国《ゆにゅうこく》に転じる可能性《かのうせい》があります。高緯度地域にある輸出大国も、農業用淡水《たんすい》の不足などから収穫量を減少《げんしょう》させると考えられています。

現在《げんざい》日本が穀物を輸入しているのは、アメリカ、カナダ、オーストラリアといった日本と外交関係のよい国ですが、世界の食料事情《じじょう》がどんな状態《じょうたい》になっても必ず輸出してくれるという保証《ほしょう》はありません。どんな国であっても、生産した穀物の供給《きょうきゅう》は自国の消費分《しょうひぶん》が優先《ゆうせん》です。生産量が減少し国内消費量に不安が生じたときには、ためらうことなく穀物輸出禁止《きんし》の措置《そち》を取ります。2022年にも、インドが小麦を輸出禁止にしたほか、ロシア、アルゼンチンなど多数の国が穀物や油糧種子《ゆりょうしゅし》について輸出規制《きせい》措置を取りました。

小麦・大豆・トウモロコシや油糧種子の自給率《じきゅうりつ》が極端《きょくたん》に低い日本。このまま手を打たずにいれば、日本が食料不足になっていくことは明らかです。

火山の大噴火《だいふんか》も食料危機《きき》をまねく

ピナツボ火山の大噴火《だいふんか》（フィリピン）。（写真提供:PIXTA）

1993年、記録的な冷夏によって日本の米の収穫量《しゅうかくりょう》が大きく減《へ》ったことがありました。一時的にスーパーなどの売場から米が消える事態《じたい》となり、政府《せいふ》はタイから米を緊急輸入《きんきゅうゆにゅう》、「平成の米騒動《こめそうどう》」と呼《よ》ばれました。米の全国的不作をまねいたこの夏の冷害は、その2年前にフィリピンで起こったピナツボ火山の大噴火《だいふんか》が原因《げんいん》とされています。噴火によって成層圏《せいそうけん》に放出された大量の噴煙粒子《ふんえんりゅうし》（エアロゾル）が太陽光をさえぎり、北半球の平均《へいきん》気温は0.5℃下がったとされています。成層圏まで噴煙を噴《ふ》き上《あ》げるような火山の大噴火は、地球規模《きぼ》で日照をさえぎり、地球を寒冷化させて、世界同時不作を引き起こす可能性《かのうせい》があります。

●食料輸送《ゆそう》が困難《こんなん》に

生産国に十分な穀物輸出量《こくもつゆしゅつりょう》があったとしても、物流が止まると、穀物を国外に依存《いぞん》している国は食料不足におちいります。新型《しんがた》コロナウイルス感《かん》染症《せんしょう》（COVID-19）の世界的流行では、一時的に世界各国が人の出入国を規制《きせい》する事態《じたい》になりました。幸いにして物流が完全に止まることはありませんでしたが、これが致死率《ちしりつ》の高い感染症だった場合には、物流の完全停止《ていし》も考えられます。いま感染症研究者たちは、鳥インフルエンザのウイルスが変異《へんい》して人間社会に広がる「H5N1型強毒《がたきょうどく》性《せい》新型インフルエンザ」の発生と流行を心配しています。

輸送費《ゆそうひ》の上昇《じょうしょう》が食料輸入《ゆにゅう》をむずかしくすることもあります。輸送費の値《ね》上《あ》がりは穀物価格《かかく》を高くしますから、輸入できる量に影響《えいきょう》し食料不足をつくりだします。2022年の小麦価格の上昇はロシアのウクライナ侵攻《しんこう》がきっかけでしたが、価格上昇の原因《げんいん》の1つには海上輸送費《ゆそうひ》の上昇もありました。COVID-19による港湾《こうわん》作業の混乱《こんらん》に、貨物船不足、輸送用コンテナ不足などが重なった世界的物流の停滞《ていたい》が輸送費を高くしたのです。海上輸送費を高くしている原因には、原油の値上がりもありました。

日本が食料を輸入できるためには、輸出国《ゆしゅつこく》の食料生産が順調なこと以外に、世界の政治《せいじ》と経済《けいざい》の安定が欠かせないのです。しかし、残念ながら現《げん》在《ざい》の世界は、各国が国際《こくさい》協調に向かっているとはいいがたい状況《じょうきょう》にあります。

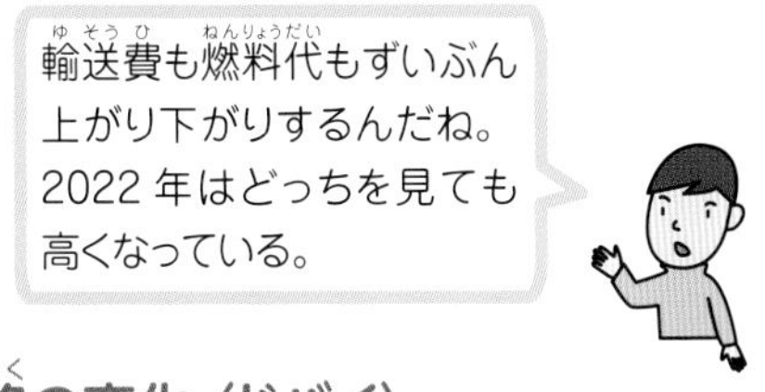

海上輸送価格《ゆそうかかく》指数の変化

（2015～22年）

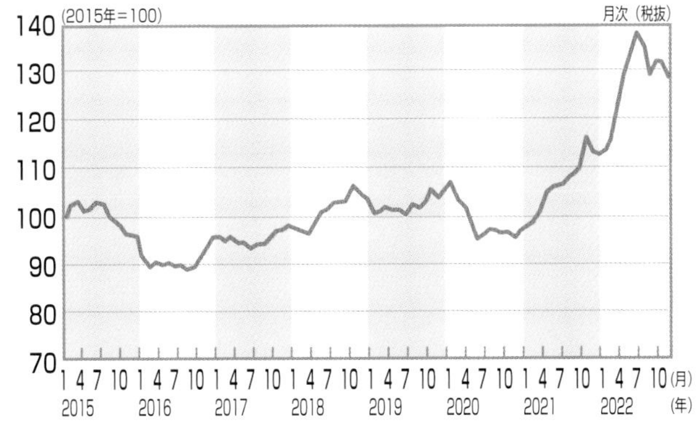

（jp.gdfreak.com）

原油価格《かかく》の変化（ドバイ）

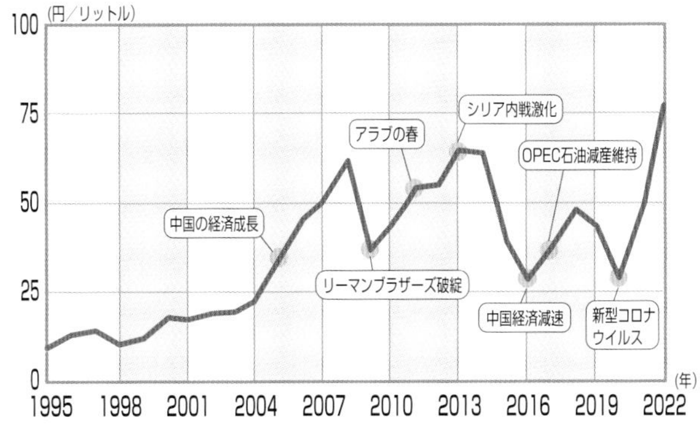

（世界銀行）

食料自給率《じきゅうりつ》は上げられるか

予想される世界的食料危機《きき》を乗り切るには、日本の食料自給率《じきゅうりつ》を上げなければなりません。しかし、現在《げんざい》日本で消費《しょうひ》している食料のすべてを、この狭《せま》い国土で生産することは不可能《かのう》といっていいでしょう。日本の食料自給率を上げることのむずかしさの一番は、1億2500万人の人口を養うには農地面積が少ないということです。

家畜《かちく》にあたえるえさの飼料穀物《しりょうこくもつ》の多くが輸入《ゆにゅう》であるため、牛肉・豚肉《ぶたにく》・とり肉・卵《たまご》の自給率はとても低くなっています。現在の消費量《しょうひりょう》を確保《かくほ》しながら自給率を上げるには、トウモロコシや大豆の作付面積を大きく増《ふ》やさねばなりませんが、そんなことはできるのでしょうか。

農地面積のほかにも、農業生産に使われている化学肥料《ひりょう》のほとんどを輸入に依存《いぞん》している問題もあります。化学肥料は鉱物《こうぶつ》を原料として製造《せいぞう》されていますが、日本は鉱物資源《しげん》に恵《めぐ》まれていません。農業や漁業に従事《じゅうじ》する人が減《へ》っているといった課題もあります。一方、好条件《こうじょうけん》がないわけでもありません。水資源《みずしげん》が豊富《ほうふ》なこと、国土が南北に長いため気温上昇《じょうしょう》の壊滅的《かいめつてき》被害《ひがい》を受けずにすむことなどは、日本の恵まれた地理的条件といえます。

日本の「食料自給力」、食料を自給する生産能力《のうりょく》は高いものとはいえません。食料自給率を上げるにも限界《げんかい》はあります。それでも、食生活を日本の食料自給力に見合ったものに変えながら食料自給率を上げていけば、栄養不足などにおちいることなく食料危機を乗り切ることはできるはずです。

世界の主要国の1人あたりの農地面積

国名	人口（万人）	農地面積（万ha）	1人あたりの農地面積(a)	対日本比
オーストラリア	2536	3億6248	1429.5	408.4
アメリカ	3億3432	4億0581	121.4	34.7
中国	14億2186	5億2771	37.1	10.6
ドイツ	8315	1666	20.0	5.7
オランダ	1736	182	10.5	3
日本	1億2579	440	3.5	1

（2019年）　（世界国勢図会2022/23）

●食肉を自給することのむずかしさ

限《かぎ》られた農地で食料自給率《じきゅうりつ》を上げようとするとき、問題になるのは、なにを優先《ゆうせん》的に生産するかということです。80％以上を輸入《ゆにゅう》に依存《いぞん》している小麦は、家庭用小麦粉《こむぎこ》、パンや麺類《めんるい》、ケーキから菓子類《かしるい》まで、利用範囲《はんい》が広いので、優先的に作付を増《ふ》やすべき穀物《こくもつ》ということになりそうです。肉の自給率を上げるために、飼料《しりょう》用穀物をつくる農地はあるのでしょうか。

牛は濃厚《のうこう》飼料と粗《そ》飼料で、豚《ぶた》・にわとりは濃厚飼料だけで育てられています。濃厚飼料は、飼料用トウモロコシや大豆、麦、ふすまなど穀物中心の栄養価《えいようか》の高いえさで、その87％が輸入です。粗飼料とは、牧草、干《ほ》し草《くさ》、発酵《はっこう》させた稲《いな》わらなどのことで、こちらは24％が輸入されています。肉の自給率を上げるには、この家畜《かちく》のえさにする飼料穀物を国内で生産する必要があるのです。粗飼料生産は米作農家の協力や農地にならない耕作《こうさく》放棄地《ほうきち》の利用で増やせそうですが、濃厚飼料の増《ぞう》産《さん》にはそのための農地が必要になります。どの程《てい》度《ど》増やせるかは確《たし》かではありませんが、いま全国各地で、「子実用《しじつよう》トウモロコシ」と呼《よ》ばれる飼料用トウモロコシの生産を増やす新しい農業へのチャレンジが始まっています。

肉の自給率を、牛肉45％、豚肉49％、とり肉65％という現在《げんざい》の国産率《こくさんりつ》を超《こ》えてさらに上げるには、畜産《ちくさん》農家を増やさなければいけません。しかし、せまい日本で畜産農家をこれ以上密《みつ》にすることは、家畜伝染病《かちくでんせんびょう》の感染《かんせん》リスクを高くすることになり、よい策《さく》とはいえません。肉の自給率については、まずは飼料穀物の国内生産を増やして完全自給の国産率をめざす。と同時に、日本の食料自給力を考えて、大量消費《しょうひ》をやめ食品ロスを減《へ》らして、肉の総消費量《そうしょうひりょう》を抑《おさ》えていくことがだいじになるでしょう。

日本の化学肥料《ひりょう》の輸入《ゆにゅう》先

（2020年/21年）

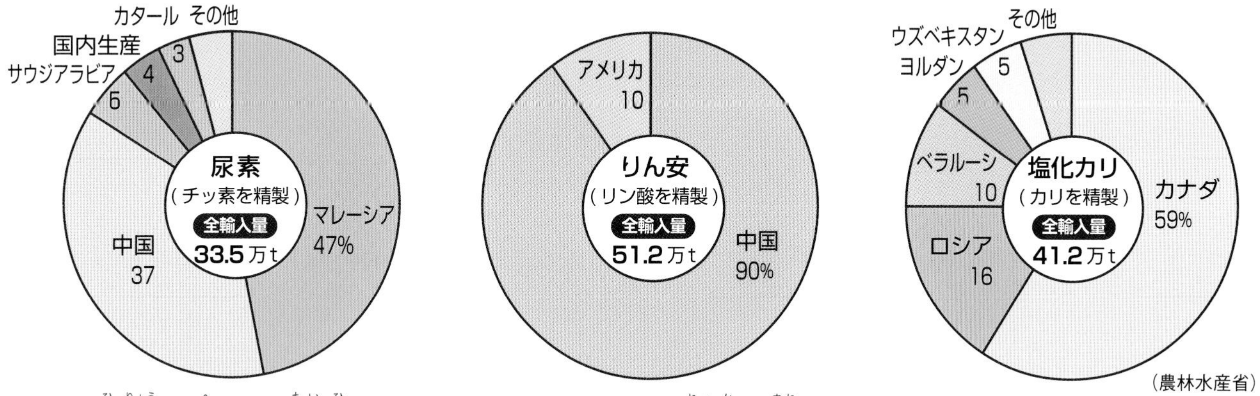

（農林水産省）

●化学肥料《ひりょう》を減《へ》らし堆肥《たいひ》を利用

食料自給率《じきゅうりつ》を上げるには、農作物の収穫率《しゅうかくりつ》を高めて国内生産量を増《ふ》やす必要があります。これまでの農業では収穫量《しゅうかくりょう》を増やすために化学肥料《ひりょう》が大量に使われてきました。しかし、国内でつくられる化学肥料の原料は、ほぼ100％が海外からの輸《ゆ》入《にゅう》です。その化学肥料の原料が最近になって、価《か》格上昇《かくじょうしょう》や産出国の輸出規制《ゆしゅつきせい》のために入手しづらくなっています。日本の食料自給率アップのためには、この化学肥料の海外依存《いぞん》も見直す必要があります。

必要な生産量を確保《かくほ》するために、いま化学肥料の使用を一切やめてしまうということはできませんが、農林水産省は、化学肥料の大量使用が土壌《どじょう》の劣化《れっか》を招《まね》いていることもあり、2050年までに使用量を30％削減《さくげん》するとの目標を立てています。今後は化学肥料を減《へ》らし、畜産《ちくさん》農家と一般《いっぱん》の農家が積極的に協力して、堆肥《たいひ》を活用する農業へと切《き》り替《か》えていく必要がありそうです。

畜産農家が家畜《かちく》の糞《ふん》や尿《にょう》を利用して堆肥をつくり周辺の農家に提供《ていきょう》します。一般の農家は堆肥を肥料として作物をつくり、一部で子実用トウモロコシや飼料《しりょう》用の米、粗《そ》飼料をつくって畜産農家に提供します。こうした地域資源《ちいきしげん》を活用する農業を「循環型農業《じゅんかんがたのうぎょう》」といいます。堆肥と飼料を提供しあう循環型農業は、海外からの輸入に依存している家畜飼料と化学肥料を同時に減らしていく可能《かのう》性《せい》をもっています。

地域《ちいき》の豊《ゆた》かな資源《しげん》を活用する循環型農業《じゅんかんがたのうぎょう》

「豊《ゆた》かな食生活」を見直す

食料自給率《じきゅうりつ》を上げようとするのは、「鎖国《さこく》」時代のように外国との貿易《ぼうえき》をやめて、すべてを国内生産にするということではありません。世界的に食料が不足してきたときや食料輸入《ゆにゅう》が困難《こんなん》になったときに、危機《きき》におちいることがないような、国内の食料体制《たいせい》をつくっておこうということです。

人口が多く食料自給力の低い日本は、穀物《こくもつ》の増《ぞう》産《さん》に努めたとしても、食料を完全に自給することはできません。不足する食料はこれからも輸入でおぎなっていくことになります。現在《げんざい》、政府《せいふ》によって主要穀物の備蓄《びちく》が行われています。突発《とっぱつ》的な危機のために備蓄は欠かせませんが、世界的な食料危機を見すえた長期的対策《たいさく》としては、輸入食料の国内消費量《しょうひりょう》を抑《おさ》えることのほうが有効《ゆうこう》です。健康的な生活に必要な量は確保《かくほ》しなければいけません。また食生活は楽しいものであるべきなので、ある程度《ていど》の余裕《よゆう》も必要でしょう。それでも、食料危機の影響《えいきょう》を小さくするためには、食料自給率を上げるとともに、少ない食料輸入でまかなえる新しい食生活をつくりだしておくことが必要です。

世界の食料が不足したとき、経済力《けいざいりょく》のある日本は輸入量《ゆにゅうりょう》を減《へ》らさずにすむかもしれません。しかし、他国の飢餓《きが》に目をつぶり、経済力で食料をかき集めて危機を乗り切るようなことはしたくないものです。貧困国《ひんこんこく》の人びとも健康的な生活ができるようにしなければなりません。そのためには、世界各国が協力して、栄養価《えいようか》の高い食料の価格をいつでも安く保つ政策《せいさく》や投資《とうし》を進め、食料分配の不平等をなくしていく必要があるのです。

その上で、わたしたちは、日本の自給率を上げること、自分たちの「豊《ゆた》かな食生活」を見直すことで、世界の食料危機に立ち向かっていきたいものです。

耕作放棄地《こうさくほうきち》　もとは農地でしたが、使わなくなると、このように雑草《ざっそう》におおわれてしまいます。

（写真提供:フォトライブラリー）

日本の農地面積の変化

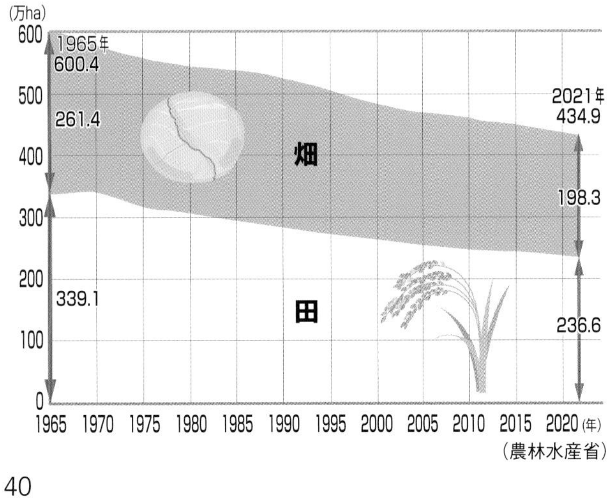

（農林水産省）

●耕作放棄地《こうさくほうきち》を再生《さいせい》させ、農業人口を増《ふ》やす

日本は国土の7割《わり》以上が山地や丘陵地《きゅうりょうち》で、農地として利用できる土地はほぼ限界《げんかい》に達しています。それでも、以前は農地でありながら、いまは使われていないといった土地も多くあります。そんな土地は、もう一度利用することが可能《かのう》です。

現在《げんざい》の日本の農地面積はおよそ435万ヘクタール（ha）。日本が最も農地を広げたときとの差は約174万haです。住宅《じゅうたく》や工場などになった土地もありますが、農地が利用されなくなった主な理由が「高齢《こうれい》化」「後継者《こうけいしゃ》不足」「農産物価格《かかく》の低迷《ていめい》」であったことを考えると、再生《さいせい》利用が可能な土地はかなりあるはずです。そんな土地の再生によって、栄養価《えいようか》が高くさまざまな食品の原材料となる小麦や大豆の作付面積を広げることができます。また畑を転用して子実用《しじつよう》トウモロコシをつくることや、稲作《いなさく》農家がいまの田んぼで飼料《しりょう》用の米を生産することもできるでしょう。

農地の再生と同時に、農業の担《にな》い手を育成することもだいじな政策《せいさく》になります。日本では、農業従事者《じゅうじしゃ》・漁業従事者の減少《げんしょう》がいまも続いています。日常《にちじょう》的に農業をしている基幹《きかん》的農業従事者の2022年の数は、122万6000人。2000年の240万人に比《くら》べ、およそ半分に減《へ》っています。日本の全人口の１％に満たない人口で、米から野菜・果物、花までの農作物を栽培《さいばい》し、牛・豚《ぶた》・にわとりなどを飼育《しいく》しているのです。穀物《こくもつ》の国内生産量を上げるには、農業に従事する人の数も増《ふ》やしていかなければなりません。農業を近代的で安定した魅力《みりょく》ある仕事にしていくことは、社会全体で解決《かいけつ》すべき問題です。

主要国の食料自給率《じきゅうりつ》の変化

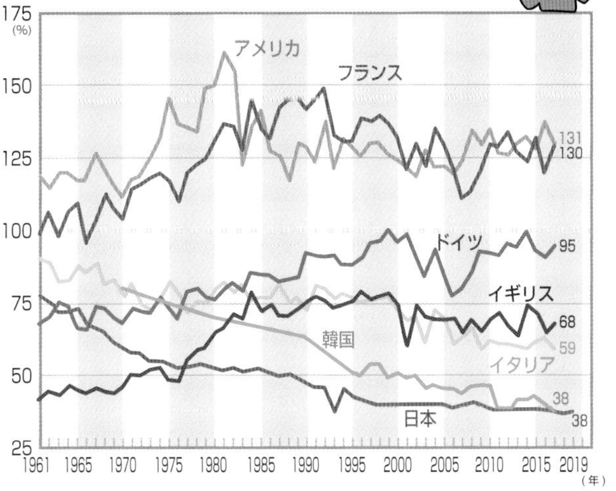

（農林水産省）

●新しい食生活を考える

右上の世界の主要国の食料自給率《じきゅうりつ》の変化のグラフを見ると、上昇《じょうしょう》させた国、下降《かこう》させた国、あまり変化のない国など、それぞれ国の政策《せいさく》によって変化は違《ちが》っています。日本が食料自給率を下げた理由は、食生活の変化が大きいといわれています。そうだとすると、わたしたちが現在《げんざい》の食生活を見直すことで、食料自給率を上向きにさせることは可能《かのう》なはずです。

世界の飢餓《きが》に目を向け、貧《まず》しい国ぐににも平等に食料が分配される社会を想像《そうぞう》したとき、食事や食品の豊富《ほうふ》さ・目新しさを追い求める日本の「豊《ゆた》かな食生活」が、行《い》き過《す》ぎたものであると見えてくるはずです。わたしたちが大量消費《しょうひ》をやめ、食品廃棄物《はいきぶつ》や食品ロスを減《へ》らすことで、過剰《かじょう》な食料輸入《ゆにゅう》を減らすことができます。自然環境《かんきょう》を痛《いた》めつけている大量生産を減らすことにもつながります。

食事の内容《ないよう》にも見直しの目を向けてください。農薬や肥料《ひりょう》と大量の水を使って生産される飼料穀物《しりょうこくもつ》、その飼料穀物で育てられる大量の家畜《かちく》たち。そして食肉ができるまでに排出《はいしゅつ》される大量の温室効果《おんしつこうか》ガス。現在の食肉生産は地球にとって大きな負担《ふたん》になっています。肉の消費量《しょうひりょう》を減らしましょう。海の魚の減少《げんしょう》を考えて、魚の消費量も見直しましょう。肉や魚からとっていたタンパク質《しつ》は、大豆を使った料理を増《ふ》やすことでとることができます。地球への負担を減らし、栄養バランスのよい食事を工夫してみてください。

食料危機《きき》を回避《かいひ》するために、食料危機を過酷《かこく》なものにしないために、さまざまな取り組みが始まっています。努力している人たちがいます。このシリーズの第3巻《かん》、第4巻では、そんな取り組みを紹介《しょうかい》します。未来は若《わか》いあなたたちのものです。ただ大人たちに任《まか》せることなく、自分たちで世の中を変えていきましょう。

調べてみよう・話し合ってみよう

すでに人口が80億人を超《こ》えた地球は、あと30年もすると、100億人が暮《く》らす世界になります。しかしその人口を養えるまで食料を増《ふ》やしていくことは、人類にとって困難《こんなん》な課題のようです。それだけの土地がありません。土がやせてきています。水が足りなくなります。気候変動が気温を上《じょう》昇《しょう》させ、干《かん》ばつや水害を増やします。感染《かんせん》症《しょう》の流行や戦争が起こる可能性《かのうせい》もあります。

穀物《こくもつ》生産量は十分足りているという現在《げんざい》でさえ、食料不足で飢《き》餓《が》状態《じょうたい》にある人たちが10人に1人いるのです。人口100億人の世界が食料危機《きき》に襲《おそ》われたら、地球はどんな世界になるのでしょうか。

産業革命《かくめい》以後の、大人たちがつくってきた社会は、いま傷《きず》だらけです。食料危機の原因《げんいん》はどこにあるのか、どうしたら乗《の》り越《こ》えられるのか、いっしょに考えてみてください。

●気候変動・環境汚染《かんきょうおせん》について調べてみよう

気候変動や環境汚染《かんきょうおせん》が、穀物《こくもつ》・野菜・果物や家畜《かちく》たちに、どのような影響《えいきょう》をもたらすのか、すべて分かっているわけではありません。命あるものは、すべて大きな生態系《せいたいけい》のなかにあり、自然環境や他の種の動静《どうせい》（絶滅《ぜつめつ》や増減《ぞうげん》、移動《いどう》）の影響を受けるからです。

・農業活動が排出《はいしゅつ》する温室効果《おんしつこうか》ガスのことを調べてみよう。
・地球の水の循環《じゅんかん》について調べ、図にしてみよう。
・マイクロプラスチック以外の海洋汚染物質《おせんぶっしつ》を調べてみよう。
・自然のなかで分解《ぶんかい》されるものと分解されないものを知っておこう。

●食料としての魚について調べてみよう

日本の家庭の食卓《しょくたく》に魚が上がることは減《へ》っているようですが、回転ずしのお店には相変わらずお客さんが押《お》し寄《よ》せています。減ってきているとはいえ、日本の1人あたりの魚の消費量《しょうひりょう》、輸入量《ゆにゅうりょう》とも世界第3位です。ほんとうに魚の食べられない日はくるのでしょうか。

・日本輸出《ゆしゅつ》用のエビ養殖《ようしょく》の自然環境破壊《かんきょうはかい》について調べてみよう。
・マグロ養殖の取り組みについて調べてみよう。
・すしネタ魚介類《ぎょかいるい》の資源保護《しげんほご》について調べてみよう。
・捕鯨《ほげい》とクジラ保護の歴史《れきし》を調べてみよう。

●食品ロスについて話し合ってみよう

国内の消費段階《しょうひだんかい》で生まれる食品ロスは、はっきりと数字に表れて減《へ》ってきています。フードドライブの運動も広がりをみせ、一部のコンビニで常設《じょうせつ》されるまでになりました。ロスの削減《さくげん》は売上増《うりあげぞう》と同じ意味をもつので、消費者《しょうひしゃ》だけでなく小売店や外食産業も努力しています。

・食品ロスを減《へ》らすためにやっていることを発表し、話し合ってみよう。
・食品ロスを減らすことの意味をもう一度考えてみる。
・学校にフードドライブを常設《じょうせつ》できないか考えてみよう。
・地産地消について調べ、自分たちができることを考えてみる。
・食料の値上《ねあ》がりを食品別に調べてみる。

●食料自給率《じきゅうりつ》について話し合ってみよう

1億2500万人の食料を自給するには、せま過《す》ぎる日本。限《かぎ》られた農地で、なにを優先《ゆうせん》して生産したらいいのでしょう。必要なカロリー、栄養のバランス、予想される収穫量《しゅうかくりょう》、消費欲求《しょうひよっきゅう》の高さ、地理的な適性《てきせい》、日本の伝統《でんとう》などなど、考慮《こうりょ》すべきことは多そうです。

・肉の消費量《しょうひりょう》をどうやって減《へ》らすか考えてみる。
・米、小麦、トウモロコシ、大豆などの優先《ゆうせん》順位をどうするか考える。
・国の予算を投入して農業を盛《さか》んにすることを話し合ってみる
・有機農業の見た目の悪い野菜について話し合ってみる。

●「豊《ゆた》かな食生活」について話し合ってみよう

おいしいものを食べたい、お腹《なか》いっぱい食べたい、流行のものを食べたい、高いものを食べたい、新発売のものを食べたい、名店で食べたい……。わたしたちは「食」にさまざまな欲求《よっきゅう》をもっています。しかしその欲求は、飢餓《きが》や環境破壊《かんきょうはかい》に通じているかもしれません。

・人気の食品売場や飲食店に並《なら》ぶことについて意見を交換《こうかん》しよう。
・マグロ・ウナギ・カニなどの人気と資源保護《しげんほご》をどう考える？
・健康的で栄養バランスのよい食事ができているか考えてみる。
・見た目、おいしさ、栄養、価格《かかく》などのだいじさについて話し合う。

あとがき

地球を壊《こわ》さない食料生産へ

国谷裕子《くにやひろこ》

田んぼや畑、牧場や日本各地に点在《てんざい》する漁村など、わたしたちが、毎日口にする食料が生産される現場《げんば》は、どこか牧歌的で環境《かんきょう》に優《やさ》しいイメージがあります。整然と植えられた穀物《こくもつ》や野菜がさんさんとした太陽の日差しを浴びて緑の葉を広げ、虫たちが飛びかう中で成長する風景はとても美しいものです。

しかし、こうした農業や漁業が持つイメージとは逆《ぎゃく》に、世界がつくりあげてきた効率的《こうりつてき》な食料生産のシステムは大きな負荷を地球にあたえています。急増《きゅうぞう》する世界の人口を今の方法で食べさせていこうとすれば、環境破壊《はかい》によって食料生産そのものがしだいに困難《こんなん》になる事態《じたい》をもたらすと警告《けいこく》されています。

より多くの食料、より豊《ゆた》かな食生活を求めてきた人類が今直面している問題の深刻《しんこく》さと複雑《ふくざつ》さをこの本を通して学ぶことができます。そして、読むにつれ、じわじわと伝わってくるのは、これまで目には見えにくい形で実に寛大《かんだい》に気前よくわたしたちに恩恵《おんけい》をあたえ続けてきた地球の力が、次第に失われつつあるという現実《げんじつ》です。際限《さいげん》のない人間の食欲《しょくよく》という欲望《よくぼう》を満たすために消費《しょうひ》してきた水資《みずし》源《げん》、使い続けてきた肥沃《ひよく》な土壌《どじょう》や豊かな海の資源。森林面積を激減《げきげん》させ、自然の回復力《かいふくりょく》をはるかに超《こ》えるスピードと規模《きぼ》で生産を増《ふ》やしてきた結果、生物多様性《せいぶつたようせい》も次第に失われてきました。本の中で取り上げられている世界各地で激減しているミツバチがこのことを象《しょう》徴《ちょう》的に伝えています。

スウェーデン出身の地球環境学者、ヨハン・ロックストローム氏は、わたしのインタビューに「人類が地球の限界《げんかい》を踏《ふ》み越《こ》えている状況《じょうきょう》の最大の原因《げんいん》は、食料生産の仕方である」と答えました。人間が生きて行く上で欠かせない食料生産が、この地球を痛《いた》めつけているのです。

この本から食料危機《きき》が生まれる複雑な背景《はいけい》や構図《こうず》を理解《りかい》し解決《かいけつ》の方法を考えるきっかけにしてください。そのことはSDGs《エス・ディー・ジーズ》（持続可《か》能《のう》な開発目標）について学ぶことに他なりません。SDGsは環境の問題、社会、経済《けいざい》の問題をそれぞれ別々《べつべつ》に捉《とら》えて解決を目指すのではなく、様々《さまざま》な問題が根底においてつながっていることを理解して解決法《かいけつほう》を見つけ出すことを求めています。

食料生産についても、SDGsが目指す飢餓《きが》や貧困《ひんこん》、健康の課題を解決するためには、栄養のある食料を十分に生産しなければなりませんが、その一方で、その食料生産は、やはりSDGsが目指している陸や海の生態系《せいたいけい》の保《ほ》護《ご》、水不足の解決、気候変動を招《まね》く温室効果《おんしつこうか》ガスの削減《さくげん》などの課題解決に反するものであってはならないのです。とてもむずかしいことですが、SDGsが目指しているのは、こうした多くの課題を統合《とうごう》的に解決していくことです。

SDGsの二つの柱は「地球を破壊から守る」と「だれ一人取り残さない」です。地球に負《ふ》担《たん》をかけず、世界中の多くの人々《ひとびと》に、栄養のある十分な食料がいきわたるために、これまでの生産から消費までの食料システムをどう変革《へんかく》していけばいいのか、みなさんもぜひ考えてみてください。

さくいん

あ

か

さ

た

な

は

ま

や

ら

監修：国谷裕子（くにや・ひろこ）

キャスター。FAO（国連食糧農業機関）日本担当親善大使。大阪府生まれ。米ブラウン大学卒業。
1981 年 NHK「7 時のニュース」英語放送の翻訳・アナウンスを担当、報道の世界へ。NHK 衛星「ワールドニュース」キャスターを経て、93 年から 2016 年まで NHK 総合「クローズアップ現代」のキャスターを務め、広く共感を呼ぶ。その後、SDGs について取材活動を続け、広く理解をしてもらう様々な活動を行っている。11 年に日本記者クラブ賞、16 年ギャラクシー賞特別賞などを受賞。
著書に『キャスターという仕事』（岩波書店）、監訳『HOPE』（ダイヤモンド社）があるほか、『国谷裕子と考える SDGs がわかる本』『国谷裕子とチャレンジ！未来のための SDGs』（全 4 巻）『国谷裕子と考える気候危機と脱炭素社会』（以上文溪堂）の監修も手がける。

装幀
村口敬太（Linon）

本文レイアウト
Noside

文・構成
西戸山学

イラスト・漫画・図版・キャラクターデザイン
松島りつこ　Yamamoto Yukiko　板垣真誠　yuyuja

編集協力
市川はるみ

企画・編集・制作
キックオフプラス（小松亮一　すずきしのぶ）

写真提供
カバー・表紙
上：AP/ アフロ、左下：NASA Worldview,EOSDIS/AP/ アフロ、右下：ロイター / アフロ

国谷裕子と考える SDGs と食料危機

❷近づく食料危機

2023 年 3 月　初版第 1 刷発行
監修者　国谷裕子
発行者　水谷泰三
発行所　株式会社**文溪堂**

〒 112-8635　東京都文京区大塚 3-16-12
TEL　営業（03）5976-1515　編集（03）5976-1511
ホームページ　https://www.bunkei.co.jp

印刷・製本　図書印刷株式会社
落丁本・乱丁本はおとりかえいたします。定価はカバーに表示してあります。
本書を無断で複写・複製・翻訳することは、法律で認められた場合を除き禁じられています。
©Hiroko Kuniya & BUNKEIDO Co., Ltd. 2023 Printed in Japan
ISBN978-4-7999-0491-6 NDC611 48p 293 × 215mm